精神科医が つかっている 「ことば」セラピー

気が軽くなる・こころが治る

［精神科医］
上月英樹
Kohtsuki Hideki

さくら舎

はじめに

診察室に喜んで入ってくる人は稀《まれ》だろう。ましてや、精神科となると、皆無《かいむ》なのではないだろうか。ある青年のことばが忘れられない。

「苦しくて公立総合病院に行ったが、リニューアルして明るい雰囲気の小児科や内科待合室を抜けて、旧態依然とした古い病院の奥に精神科の待合室はあり、椅子にすわって、ふと見上げると、灰色の壁にひびが入っているのが見えた。その瞬間に、〝僕はもうダメだ、こころにも、ひびが入って、もう立ち直れない〟と思った」という。

医師として日々の診療を続けていると、診断や薬物の選択に追われ、ややもすると、不安で、時に絶望的にさえなる方の心境を忘れがちになる。

自戒を込めて、目の前の方をどう癒《いや》すか、和《なご》ませるか、勇気づけるかに思いを巡《めぐ》らす。そのとき、苦しい神経症的な青年時代に私が支えられた数々の世界の名言を、その作者とともに紹介する。

時代を経て語り継がれてきたことばは、多くの人を窮地から救ったからこそ生き残っているのだろう。また、日々目にするさまざまな媒体《ばいたい》（雑誌や新聞など）にも今をときめく人物が、素晴らしくハッとすることばを記《しる》している。

さまざまなことばを人により、状態により、場面により、投げかけてみる。固く口を閉ざしていた方が、一気に饒舌《じょうぜつ》になることがある。こらえきれずに声をあげて泣きじゃくることがある。柔らかな表情になり、きれいな笑みがこぼれることがある。これまでの封印されてきた想いを、吐露《とろ》しはじめることがある。

名言、格言、アフォリズムなどを語りかけると、私とその方の距離がぐっと近くなり、それがよいラポール（相互信頼）を築き、ひいては治療がスムーズに進むようにさえなる。

私のつたないこれまでの臨床《りんしょう》経験で、とくに有用で、私自身も支えられたことばたちを、今回、厳選して掲載した。こころやさしく向上心にあふれた皆さまや、苦しんでつらい日々に懸命に耐えている方々の少しでもお役に立てれば、筆者としては望外の喜びである。

もくじ

第1章　生き方上手にならなくていい

第2章　みんなひとり

第3章 自分をちょっと休ませる

第4章　こころは日々生まれ変わる

第5章 ことば貯金のすすめ

精神科医がつかっている「ことば」セラピー

気が軽くなる・こころが治る

第1章

生き方上手にならなくていい

生きるのが下手だと思っている人へ

自分は生きるのが下手だと思っている者とは、欲の深い者である。「私利・私欲・私心に走るということ」の多い人間である。

岸田《きし だ》秀《しゅう》

私は大学時代、和光大学人文学部教授の岸田秀の唯幻論《ゆいげんろん》（すべては共同幻想から成り立つ）にはまり、親友とともに、毎晩、安ウイスキーの水割りを飲みながら、熱く語り合ったものだ。

岸田は精神分析をベースにして、魅力的な展開をしていく。

このことばも、そのころは、私も生きるのが下手だと自分を憐《あわれ》み、他人を羨《うらや》んだりしていたが、岸田は一刀両断！

「自分はあることができないということに気づくのは、そのことをやりたい欲望があるからにほかならない。その欲望がないなら、そもそも自分にはそれができないということが視野にはいってこない。したがって、自分は人一倍生きるのが下手だと思っている者とは、うまく立ち回ってうまい汁を吸いたい欲望が人一倍強い者である」（『ものぐさ精神分析』青土社）

まさに至言《しげん》！　目から鱗《うろこ》！

つまり自分の欲望の強さを認め、方法論を模索し努力をすれば、「生きるのが上手な人」になれるのだ。

この名言をストレートにいってみて、耐えられる人かどうかの吟味《ぎんみ》をしてから、ゆっくり、冷静に、相手の反応を見つつ、診察室でいってみる。

悩む人は大丈夫

自分はひょっとすると異常ではないか
と思っている人がいたら、
そう思うことが正常な証拠であることに
本書で気がついていただければ幸いだ。

斎藤茂太《さいとうしげた》

『神経質を喜べ——悩む人ほど強くなる』（光文社）は、たしか大学3年生のときに購入したと記憶している。

さまざまな対人不安症状で苦しんでいたときだ。

斎藤茂太の父、茂吉《もきち》の生家は山形県上山《かみのやま》市にあり、私の父の実家と同じ、そして大歌人の記念館もある。そんなこんなで親近感をもって読みはじめると、「まえがき」にこう書かれていた。

これは、支えになった。

まだ専門課程に入ったばかりで、精神医学は学んでいなかった。悩む人は大丈夫なんだよ！　よりよく生きたいからこそ苦しみ悩むんだよ！　と。

病識があるということは、重大な精神障害ではないということを、この本では平易な文章で繰り返し説いている。

家族に連れられて、しぶしぶクリニックに来られ、「なんともありません」式の人に、重症例が潜《ひそ》んでいる。

悩みに悩んで、清水の舞台から飛び降りるがごとく来院された方に、この一文を見せると、安堵《あんど》の表情をする。

ぶつかっていいんだよ

少年のころは、打ちとけず、反抗的で、
青年のころは、高慢で、御しにくく、
おとなとなっては、実行にはげみ、
老人となっては、気がるで、気まぐれ！――
君の墓石にこう記されるだろう。
たしかにそれは人間であったのだ。

ゲーテ

私が青年時代に、お世話になった名言である（『警句的』から――『ゲーテ格言集』高橋健二編訳　新潮文庫）。

権威に抗《あらが》い、理想を追求していくと、どうしてもぶつかる。いや、ぶつかっていいんだよ。だって、文豪ゲーテがいってるんだから。なんてね！

診察室に、今日も、高校生、大学生の男の子がやってくる。この名言を地でいくような、胸を張り、肩をいからせた人も多い。

権威（医師）に反抗的で、私に挑《いど》みかかる勢いのこともある。そんなとき、この名言を届ける。

それでいいんだよ、昔からそうだし、かくいう私も、そうだったんだから。

多くの若者は、自分を肯定され、しかもゲーテの名前を出されると、一気に軟化するから、話はそれからだ。でも、最近は、ゲーテって誰ですか、と真顔で聞いてくる人も増えている。

コンプレックスも能力

わたしは、コンプレックスを抱くことは、
傷でも闇でもなく、「常に謙虚であるように」と
神様が贈ってくれた能力だと思うようになりました。
コンプレックスがない人間なんかと、
つきあいたくないですよ！

高橋源一郎《たかはしげんいちろう》

読売新聞の「人生案内」、朝日新聞の「悩みのるつぼ」とともに、人気のあるのが毎日新聞の「人生相談」である。

「姉と比べられコンプレックス」と題する18歳の女性からの悩みに、三島由紀夫賞、伊藤整文学賞、および谷崎潤一郎賞を総なめにし、前衛的な作風で日本のポストモダン文学を代表する作家のひとりである高橋源一郎はこのように答えている（毎日新聞「人生相談」２０１７年10月9日）。

さらに続けていう。

「お姉さんも、あなたとは異なった種類のコンプレックスを抱えているのかもしれません。また、逆に、あなたに対してコンプレックスを抱く人だっているかもしれないのです」

たしかに、コンプレックスをもたない人というのは、傲慢《ごうまん》で自分が最高と思いつづけているか、他人の素晴らしさに気づかない鈍感な人で、いずれにしても、そんな人間にだけはなりたくはない。

これは示唆《しさ》に富む名言であり、診察室でこの作家の名前をあげて、よくつかわせていただいている。

「どうせダメだろう」からの脱却

求めよ、さらば与えられん。
尋《たず》ねよ、さらば見出さん。
門をたたけ、さらば開かれん。

『新約聖書』

行動の大切さはさまざまな人が繰り返し繰り返し述べている。新約聖書のあまりにも有名なこのことばである。

どうせダメだろう、きっと失敗するさ、たくさんのネガティブな思いで頭がいっぱいになる。

しかし、求めてみよう、尋ねてみよう、たたいてみよう、まずそこからはじめよう。

たとえば、冷たいジュースが飲みたいとき、自動販売機の前にたたずむだけでは、いつまでたっても飲めないよね。何をする、もちろんお金を自販機に入れるよね、そのときお金がなかったら、一生懸命仕事して稼ぐよね。

そう、まず動くこと、行動することが大事だよ。

思慮深いことは美徳だがそれだけでは進んでいかない。むしろ考え半分行動半分の人のほうが成功率は高いかもしれない。

さあ、レッツ行動。

もう一人の自分をつくる

ほんとうはどうしたいの？

里中満智子《さとなかまちこ》

「月刊ＰＨＰ」は、私が小学生のころから家にあり、今でも朝な夕なにめくって読む愛読書の一つだ。もちろんクリニックの待合室にも常備している。

「あした輝く」や「アリエスの乙女たち」などの名作で高名な漫画家、大阪芸術大学教授の里中満智子は、今注目され、さまざまな分野に汎用《はんよう》されているメタ認知（アメリカの心理学者、ジョン・H・フラベルが提唱したもので、自己の認知活動つまり思考や情動などを客観的にとらえ、評価したうえで制御すること）を彷彿《ほうふつ》とさせることばを記《しる》している。

「私は思い悩むと、『それで？』と自分に問いかけてみます。もう一人の自分からそう言われると、心が落ち着き、悩みでいっぱいだった頭のなかも整理されるのです。溺《おぼ》れかけていて沈《しず》んでいくばかりの状態のとき、『ほんとうはどうしたいの？』と自らに問いかけてみてください。自分がどんな答えを求めているのか、どうありたいと考えているのか、はっきりと見えてくるはずです」（「運がひらける言葉」PHP№746　PHP研究所）

状況に客観性をもたせることで、診察室ではメタ認知の話をしない日はない。

嫌な上司の下らない話に、こみあげる怒りを必死でこらえながらつきあっているとき、中天に、冷静でやさしいもう一人の自分をつくって、よく耐えてるね、偉いぞ！　かわいいあの娘も感心して褒《ほ》めてるよ！　って、素《す》の自分にささやくんだよ、なんてね！
「かわいいあの娘」のくだりに反応する会社員が、じつに多い。

手持ちのカードをどうつかう？

人生とはいかに良いカードを
手に持つかではなく、
手に持ったカードを
いかに上手く使うかである。

作者不明

他人と比較し、人をうらやむ人は多い。
とくにうつ的なときは、自分がもっていないものを数える。

私は診察室にやってきた方に、「苦しいときは自分がもっているものを数えよう」と提案する。

そんなもの何もないよという人が多いが、「あなたはしゃべれるし、歩けるし、握手できますよね。それから食事の味もわかる」などというううちに落ち着く。

一脈通じるのが、この名言である。

名言の宝庫、私の原点ともいえるロバート・ハリスの『アフォリズム』（サンクチュアリ出版）の中に見つけた。

現状を認め、受け入れ、さあ、これをどうするのか。まさに、もっているものを最高につかうことからはじめよう。

そのように努力していると、別のさらによいカードが手に入るかもしれない。

悩みとどうつきあうか

悩みを抱きしめながら、悩みと一緒に生きていきたい。

水野敬也《みずのけいや》

ご存じ『人生はニャンとかなる！』などのベストセラーで知られ、今やマルチクリエイターの水野敬也（醜形恐怖症だったことを告白している）と、パラパラ漫画の世界的権威、鉄拳《てっけん》のコラボレーション作品4部作（『それでも僕は夢を見る』『あなたの物語』『いつか伝えられるなら』）のひとつ、『もしも悩みがなかったら』（文響社）からの名言である。

悩みはないほうがいいのだろうか？

根源的な問いだ。

「もちろんないほうがいいに決まっているって」という声が聞こえてきそうだが、水野は「悩みがある人っていうのは、かなえたい夢を持っている人なんですよ」という。

現状をなんとかしようと考えるから悩みが生じ、もがいて努力するから、行動したから、前進でき、そしていつか、夢が実現するんだ！　悩みがなければ、安穏《あんのん》とそこに留まり、進歩も進化もない。

私も社交不安症傾向に大いに悩んだからこそ、幾多の本を読み、このような原稿を書くことができている！

悩みをどう見るか、どうつきあうか、このことばに大いなるヒントがあるとみる。

沸々《ふつふつ》と悩みと不安が湧《わ》きあがったときこそ、つぶやいてみたい。「悩みと一緒に生きて、また次の夢をかなえたい」と。

ちなみに、悩美さんがどんなに美しい人なのかは、この本を読んでみて、確かめてね！

誰もが人生のアマチュア

人生については誰もがアマチュアなんだよ。
誰だって初参加なんだ。
はじめて試合に出た新人が、
失敗して落ち込むなよ。

伊坂幸太郎《いさかこうたろう》

これも診察室にやってきた方に、とくに適応障害の人たちには勇気がもらえることばとして評判がいい。人気作家、伊坂幸太郎の代表作の一つ『ラッシュライフ』（新潮文庫）に登場するポリシーのある泥棒、黒澤の台詞《せりふ》だ。これを収載した『名言力』（ソフトバンク新書）の著者、大山くまおは本文でいう。

「初参加なら、失敗して当たり前でしょう。自信がないからと尻込みする必要もないし、失敗したからといって落ち込む必要もありません。堂々と失敗すればいいのです」

新人が失敗して落ちこむな！　むしろ試合に出られて勇ましく闘った自分をほめろ！　尊敬しろよと。

新入社員でへこんでいる方に喜ばれる。

批判は成長のしるし

だれかがあなたを
憎むようになるまでは、
あなたはまだたいした
人物ではないのだ。

D・J・シュワルツ

Ｄ・Ｊ・シュワルツの『心の力の魔術――自己改造の心理学』（桑名一央訳　実務教育出版）は、高校時代から私の手もとにある。赤鉛筆で大事なところに線を引きながら、すがるように読みこんでいた。浪人中も、慣れない筑波《つくば》大学での学生寮生活のときも。

過敏で内向的な私は、人の中がつらかった。それでいて寂しがり屋で愛されたい願望が強く、嫌われるのがとても怖かった。

そのような私は、容易に神経症的な葛藤《かっとう》に苦しんだ。

そんなとき、人間能力開発コンサルタントでジョージア州立大学経営学部教授でもあったシュワルツのさまざまなことばが救いとなった。

関係性が濃厚になるほどにさまざまな感情や思いが双方に出てくる。シュワルツは、憎むという極端な言い方をして、そのことに気づかせてくれる。

「嫉妬《しっと》されないうちはダメで、嫉妬されないようになる方法は、相手に圧倒的な差をつけることだ！　そうすれば、尊敬されるようになるから」は、私が診察室でよくいうフレーズで、自分にも、時々つぶやいてみる。

10年かける覚悟があるか

どんな職業でも十年はかかりますし、十年かからない自由業はありません。その努力ができるかどうかなのです。でも、いまは二、三年もするとネをあげて、違う道に行ってしまうし、フリーターでも生活できる世の中ですからね。そのせいか、優れた新人が出ません。

東海林《しょうじ》さだお

私は、逃げも隠れもしない東海林さだおフリークである。彼の本はハードカバー、ソフトカバーを問わず全部持っている。たびたび、繰り返し読みこんでいる。

文庫本までなぜ買うのかというと、「あとがき」にさまざまな有名人が、いわゆる「さだお賛」というべき味のある文章を書いており、これがまた楽しみでもあるからなのだ。彼の本を全部買い、さらに新刊をこころ待ちにしている人の存在も「あとがき」で知った。漫画で文藝春秋漫画賞、「丸かじりシリーズ」などのしゃれたエッセイで講談社エッセイ賞、そして両分野の活躍で菊池寛賞を受賞している、いまや大重鎮《だいじゅうちん》である。

彼のエッセイには、売れるまでの苦しい日々が綴《つづ》られている。ペーソスあふれ、しかしときにほろりとさせる、やや自虐的《じぎゃくてき》な青年期が綴られていて共感するところが多かった（『超優良企業「さだお商事」』東洋経済新報社）。

私もいっとき大学に身をおき、研究教育に励んだ時期もあったが、まったく芽が出ず、くさっていたころもある。

まあ、10年以上はやってみましたよ。自由業は魅力的だが、修業は厳しい。天性の才能がある東海林さだおにして、このことばである。

たまに診察室を訪れる声優（これが最近とても多い）、作家、ダンサー志望の若者に東海林さだおのことばを語りかけ、その覚悟のほどを確認する。

怖がりのままでいい

だから、怖がりのままで良い。
いや、むしろ怖がりであるべきなんだ。
自分の弱さに気づけた人と、そうでない人とでは
努力の仕方が違ってくるはずだから。

下柳　剛《しもやなぎつよし》

阪神タイガースで37歳、史上最年長で最多勝を獲得し、東北楽天移籍後、大リーグへのチャレンジもした野球解説者、下柳剛の勇気をいただくことばである。

心配性、怖がりをなんとかしてほしいとクリニックへやってくる人は多い。たいていまじめで、向上心にあふれた good man and woman である。下柳はいう。

「怖さを知らぬ人に進歩・成長は訪れない。ドラフト一位、鳴り物入りで入団した選手が長続きしないことが多いのは、怖さを経験したことが少ないからだ。『俺の球は打たれない』と思っていたら、努力を必死でしなくなる。怖がりだからこそ、『打たれたくない』と思って、どうやったらいいのか必死に工夫を凝らすのだ」（『ボディ・ブレイン――どん底から這い上がるための法則《ルール》』水王舎）

怖さや弱さを感じて、さあ、どうするか、感じないように鈍くなりたいのかい。怖くても怖がりながら目的本位に努力して（森田療法的アプローチ――日本独自の精神療法で、気分本位から目的本位に行動することを促す試み）成長するかい。

賢明な君なら、後者だよね！

素敵な大人への道しるべ

私の若い頃に似ている

林《はやし》 文子《ふみこ》

数々の名言あれど、私の好きなことばベストテンに入ってくるものである。

ＢＭＷ東京の社長やダイエー会長の後、政界へ転じ、横浜市長を務める林文子が記している。仕事で悩んでいた林は、友人の母に相談した。聴《き》き終わった後、その人はぽつんと一言こういったという（「運がひらける言葉」ＰＨＰ№７４６　ＰＨＰ研究所）。

じつはその人は医師で、林は、私もこんな素敵な人になれるんだ！　と思い、たいへん勇気づけられたという。

私も似た経験をしている。大学浪人時代、ひどい風邪をひいて、公立病院の内科に行ったとき、気さくな医師で、上がらない成績や、神経質でくよくよしてしまう性格のことなどもやさしく聞いてくれ、カルテを書きながら、やはりぽつんと、「僕もそうだった、くよくよは医者になってから役立つよ、慎重だから……」と小声でつぶやいた。

あの瞬間は今も鮮やかに脳裏をよぎる。まさに私の人生の大転換点を彩ることばだった。

神経症的で悩みが多い、しかし自己洞察力十分な若者に（医学部志望なら、なおさらいいが）、時折語りかける。

そのためには、素敵で憧《あこが》れられるレベルを維持しなきゃいけないわけで、自己啓発、自戒にもとても役立っている。

最も感動した診察場面

それでも、両親には感謝しています。僕を育ててくれたのだから。

クライアントの青年

「慢性的なうつ、空虚感、つねにこころが晴れない、人が怖くて信じられないが、寂しくて人恋しい気持ちも一方にある、どうしたらいいのか」といい、クリニックに来られた青年がいた。

当クリニックでは、まず、臨床《りんしょう》心理士が予診（インテイク）を1時間くらいかけてとるのだが、それを読んでみると、壮絶な虐待《ぎゃくたい》の歴史が語られていた。

仕事に不満があった父親は青年と母親に当たり、時には暴力を振るうこともあったという。

母親も、夫の面影が彼にはあるとのことで、罵倒《ばとう》し、何度もぶたれたという。

幼小児期からの身体的精神的虐待が、慢性的な抑うつ状態のボーデン（基底）にあることは明らかだった。

さぞかしつらかっただろう、両親への思いはいかばかりかと話しかけたが、彼のことばは、前記のとおりであった。感謝していると！

殴られたし、汚いことばを浴びせられたが、今、僕は生きている。それは、親が、育ててくれたからと！

さっそく少量の薬とカウンセリングで治療をはじめ、ほどなく軽快した。

あくまで虐待されたことのみを追及するか、育ててくれたことをみるか。

前者であれば、おそらく慢性的なうつだけではすまず、より深刻な病理となっていただろう。

私が精神科医となってから、最も感動した診察場面でのことばである。

幸せに気づいた人

「ぼくが毎日、汗水たらして割った石は、あの街で、みんなが使う水飲み場になるんだ」

プレム・ラワット

これは、13歳ではじめてインドを出発して以来、世界中で講演を続けている作家、プレム・ラワットの文章を、アニメーション作家の城井文《しろいあや》が絵本にした『なりたいなぁ』（マックス・ウィトル訳　文屋）の一文である。

主人公の石切り職人は自分の仕事に不満をもち、大金持ちから王様、太陽、雲、風、山へと変わっていくが、山のてっぺんから、自分が切り出した石が広場の水飲み場につかわれるのを見て、子どもや大人が楽しそうに、水を飲んでいる姿を想像し、胸がいっぱいになり、自分の中にこそ真実、幸せがあることに気づくのである。

さらに、ほかの人のためになる、役に立つ、幸せに寄与することこそが、自らの幸せなのだと理解するのだ。
仕事したてで、ブーブー文句をいう、適応障害傾向の方に、診察室の本棚からこの本を取り出して、見せたりする。

自分を責める前に

自分には才能がないから無理だって？
自分の未熟さを、
生まれつきの才能のせいにするなんて、
両親に失礼な奴だな。

高橋《たかはし》 歩《あゆむ》

夢破れ、失意のどん底で、症状的にはうつ病の若者がたくさんクリニックにやってくる。自責思考は、うつのなせる業《わざ》で、本人に罪はない。

やさしく自責ではなく、うつにいじわるされても邪魔されても、懸命に生きているよい人間だから、責めるのではなく、むしろいっぱい自分を誉《ほ》めてくださいといえば、多くの人は涙ぐみながらも、納得してくれる。

一方、あいつのせいだ、こいつのせいだ、はたまた両親のせいにする一群がいて、治療者としてはほとほと困ってしまう。もちろん、当のご両親も泣いている。

そのとき、まあ、希死念慮《きしねんりょ》（もう生きているのがいやだから死にたいと考えるのが自殺願望で、自分は死ぬべきだ、死ななくてはいけないのだという思いが頭から離れなくなるのが希死念慮）が強くない場合にかぎってだが、診察の終わりに、高橋歩のことばをつぶやいてみる（『人生の地図』A-Works）。

多くの場合は、すぐさま両親のフォローが強力に入るけどね。

禁じられたときの心理

「奥さまが、今日、ボーイ・フレンドと会っていらっしゃるのを放っておいていいんですか？」

「僕ね、禁じるのが好きじゃないんですよ。僕はほんとうに意地悪だから、禁じられたことほどすてきに見える、っていう心理を知ってるんです。だから僕に不利なことは禁じない」

曽野綾子《そのあやこ》

曽野綾子の最高傑作ともいわれる『夢に殉《じゅん》ず』（朝日新聞社）の主人公、天馬翔とある女性の会話である（『「いい人」をやめると楽になる』祥伝社黄金文庫）。翔の、自由と女を求めていく生き方はともかく、この会話が興味深く、さまざまなシーンで、診察室で語りかける。

子どもにゲームをやめなさいというと、無性にやりたくなる。部活はやめて勉強しなさいというと、部活にのめりこんでしまう。あんな男とつきあっちゃだめと注意すると、燃えあがり、駆け落ちしちゃう。

どうぞ、どうぞ、好きなだけゲームや部活をおやりなさい！　その男、あなたがよければつきあいなさい！　っていったほうがいいよ！

悩んでいる方には話すが、私は、家庭で子どもにいったことはない、とも話して、なーんだ、って失笑をかう。

私は、無性に〝あること〟がやりたくなったときに、自問自答してみる。それって、やっちゃいけないって、決められていることじゃないのかな、禁じられているから、よけいやりたいのであって、本当はそんなに自分がやりたいんじゃないなら、やらない！

人生を踏みはずさない抑止力としても十分使える。

ベストパートナーを見つける法

**「正しい伴侶を探すことは頑張らなくていい。
正しい伴侶になることを頑張りなさい。
そうすれば、正しい伴侶に出会ったとき、
その人と一緒になれるだろう」**

ジェームス・スキナー

ジェームス・スキナーは、アメリカ国務省や財団法人日本生産性本部の経営コンサルタントおよびフランクリン・コヴィー・ジャパン会長で、多くのテレビ番組を盛りあげる経済評論家でもある。

彼の講演の一部の映像がCD－ROMに収められ、この本に付録として付いてくる（『100％──すべての夢を叶えてくれる…たったひとつの原則』サンマーク出版）。

スキナーは、運命、境遇、環境は、すべて自分の選択の結果であるといいきる。彼が若いときに会った、数十年にわたり離婚カウンセリングを手がけてきた精神科医のことばが、これだという。

これに類したことばを一日に何回も診察室でいう。

「素敵な恋人が欲しいって！　それならこの瞬間から、僕は素敵な男になってやるという意識をもちなさい。そしてクリニックを出て、土浦駅前を、おじいさんがよろけながら歩いているのを見ると、素敵な男は親切だから、おじいさんに声をかけるんだ。それをたまたま通りかかった素敵な女性が感動して、君に話しかけるって寸法さ」

まず、自らを高めていく努力を！　そして、その後に成功が得られる。

自分を高めていくんだ、という意識をもつことが大切だ。ベストパートナーが欲しければ、自分がベストパートナーになればいいし、なれなくてもベターにはなれるだろう。

そして、ベターな君が、ベターなお相手と一緒になるんだ！

楽園と地獄の間で

仕事が楽しみならば人生は楽園だ。仕事が義務ならば人生は地獄だ。

ゴーリキー

代表作『どん底』で知られ、チェーホフやトルストイに比されるロシアの高名な作家ゴーリキーの名言である。

類するものに阿部次郎《あべじろう》の「生きるための職業は、魂の生活と一致するものを選ぶことを第一にする」（『三太郎の日記』）、トーマス・エジソンの「私は一生涯、一日の仕事も持ったことはない。すべて慰《なぐさ》みであったから」などがある。

仕事にまつわる悩みは多い。多くの諸君が悩みを抱えてクリニックを訪れる。

概して女性は仕事にまつわる人間関係に苦しみ、男性は仕事そのもの、内容に悩む傾向がある。

いずれにしてもアドバイスとしては、人間関係は人事異動で一変することもあるため、あくまでも今やっている、いややらされている仕事が好きなら、柔らかいことばをつかえば、嫌いでなければ最終的には、「あなたの勝ちだよ」という。

逆にいえば、時給が高いからとか、求人が多いからとか、今時代が求めているからとかで決めるのではなく、あくまでも、自分の興味、好み、関心で決めましょう。

この名言をいわない診療日はないくらい、私は繁用させていただいている。

つけ加えると、義務でやる仕事は疲れるだけで、せっかくの自尊心を育《はぐく》むことはむずかしいから。

毎日、毎日、仕事するんだよ。10年、20年、30年と続けるんだよ。そんなにやっても、自尊心が高まらないなんて、悲しすぎるよね。

人生の分岐点、どちらを選ぶ？

森の分かれ道では
人の通らぬ道を選ぼう。
すべてが変わる。

ロバート・フロスト

アメリカの詩人、フロストの名言である。

森の分かれ道、一方は整備された多くの人が通っている道、もう一方は誰も通らない道で草が生い茂っている。

さあ、どちらを選ぶ？

フロストは後者を選んだ。なぜなら、そちらのほうが魅力的だったから。

人生も同じ。自分が好きな道を自分で選ぶ。だからこそ、結果についてはひきうけられるのだ。とくに、進学、就職、結婚は自分が決めることのできる、いや決めなければいけない人生の3大イベントだと、診察室にやってきた方によく話す。

15分前のこころがけ

わが人生の成功のことごとくは、いかなる場合にもかならず15分前に到着したおかげである。

ホレーショ・ネルソン

集まりに遅刻することは、皆の時間を盗む泥棒行為だと思う。口に出してはいわないが、これまでの経験上、遅刻する人は決まっていて常習である。昔の勤務地で、朝9時始業の職場に8時59分45秒に滑《すべ》りこみ、それから20〜30分お茶を飲んでいる輩《やから》がいた。つくづく哀れである。なぜって「人生は有限である」ということさえ知らない人だから。

トラファルガーの海戦（1805年、ナポレオン戦争における最大の海戦）でフランス・スペイン連合艦隊を破ったイギリスの高名な海軍軍人、ホレーショ・ネルソン子爵のことばを噛《か》みしめよう（『人生はワンチャンス！――「仕事」も「遊び」も楽しくなる65の方法』水野敬也・長沼直樹　文響社）。幾多の経験からの金言である。

診察室に、医学部生、看護学部生それに理学・運動療法士を目指すまじめな方たちが時折やって来る。座学は済み実習に入ったが、うまくいかないと……。

そんなとき、このことばとともに、「出勤は30分前に着き、ミーティングは5分前に席に座っているだけで、うまくいくよ！　病院には急変がつきものだから、そのとき早く出勤していた君が駆り出されて好印象を得られる。だいたい実習そのもので、職員さんより優《すぐ》れているなんてあり得ないし、仮にそうだとしたら、嫉妬されるだけだよ」って。

「なんだ！　そうですよね」って、にっこりされる。

第2章 みんなひとり

やりたいことをできずにいる人へ

人の言うことは気にするな。
「こうすれば、ああ言われるだろう……」、
こんなくだらない感情で、どれだけの人が、
やりたいこともできずに死んでいくのだろう。

ジョン・レノン

ソフト開発のかたわら、20代後半より「人の幸せに関する研究」をライフワークとしてはじめ、「幸せのホームページ」も開設している本多時生《ほんだときお》はいう。

「人が何と言うかは『相手の問題』です。（中略）人の言うことを気にして、自分がやりたいことをやれないのではつまらないでしょう。また、人の評判を気にしすぎると、自分の特長を削《そ》ぐことになり、成功の可能性が小さくなってしまうのかもし

れません」（『夢をかなえる』アルファポリス）

そして、ジョン・レノンの名言を載せている。「やりたいこともできずに死んでいくのだろう」のくだりで、ドキッとさせられるが、これくらいレノンにきつくいわれたほうが踏ん切りがつく方も多いだろう。

まさに私もそのひとりで、優柔不断でぐちぐち思い煩《わずら》う傾向のある私は、時折自分自身に力強く、このレノンのフレーズを叫んだりしている。

「群れ」にはご用心

「群れ」にはリーダーが君臨する

蛭子能収《えびすよしかず》

漫画家で最近は俳優やタレントとしても大活躍の蛭子能収の至言《しげん》である（『ひとりぼっちを笑うな』角川oneテーマ21）。

内向的で内気な青年時代を送った私は、なかなかクラスメートになじめず、ややもすると、大きなグループを横目で見ながら寂しい思いを抱いていた。

長じて、医師になってからも、その当時はあまり注目されなかった青年期や神経症を志向したため、いわゆる本流の集団に属することはなかった。

世の中には仕切り屋が存在し、集団を操《あやつ》ることに喜びを感じる人が、たしかに存在すると実感したのは最近である。

群れれば、一時の安心は得られるが、群れの中で序列化され、リーダーには絶対服従を求められる。

さあどちらを選ぶかは君しだいだが、幸い、心やさしきニューロティック（神経症的）な人は、どちらに入っても、独善的で傲慢《ごうまん》なリーダーにはならないから心配ないけどね。

ちなみに蛭子さんはあえて群れないという。寂しいけど。

迷うからこそ素敵だよ！

旅の楽しみの半分は、道に迷う美学である。

レイ・ブラッドベリ

レイ・ブラッドベリは、『火星年代記』で名声を得た、アメリカの小説家（ＳＦ作家、幻想文学および怪奇小説作家）、詩人である。Ｏ・ヘンリー賞（アメリカの年間短編傑作選）に作品が収録されている。

人生は旅であり、どこへ行くかよりも誰と行くかが大事である。誰と人生を航海するのか。青年期のみならず、長い道のりで、迷い彷徨《さまよ》う時期があっても、美学といいきる。パッケージツアーは結局、無味乾燥で記憶に残りがたいことが多いが……。自らが主体の旅は、人生は、道に迷うからこそ、素敵だよ！　って。

ロバート・ハリスの『自由への一歩』（サンクチュアリ出版）にある、涙が出てくるほど素敵なことばで、迷いがちな、悩みがちな人の、耳もとでそっとつぶやく。

人生の意味はどこにある？

人生の意味は、あなたが自分自身に与えるものだ。

アドラー

アドラー心理学の教えをわかりやすく記《しる》した大ベストセラー、岸見一郎《きしみいちろう》・古賀史健《こがふみたけ》著『嫌われる勇気——自己啓発の源流「アドラー」の教え』（ダイヤモンド社）。著者の哲学者、岸見一郎が本文中に紹介しているアドラーのことばである。

Sense of Mastery（自己統御感）とも一脈通じる、力強さを感じることばだ。

あなたが人生の意味をつける、つけることができる！　だから、そこに責任も生じてくる。しかし、あなたには、自由がある。あらゆるものの中で、自由がいちばん。人類の歴史は絶えず、自由を求めての闘争だから。

「私の人生には意味がなかった」という人は、その人自身が、意味づけなかっただけ！

もったいないよね！

さ、どうする！

それにしてもさまざまな意味づけができて、努力しながら、軌道修正もできる若い人たちに、ある種の羨望《せんぼう》を込めて、いいつづけている。


名前こそ名言！

世の中で
もっとも耳に甘く響くよい音楽は
自分の名前の響きである。

デール・カーネギー

アメリカの著名な実業家、デール・カーネギーの至言である。

私たちはこれまで、何回自分の名前を呼ばれたでしょう。そして、これから何回名前を呼び、呼ばれるのでしょう。ひすいこたろうはいう。

「そして、気づいたんです。『名』を『言』う。それこそが究極の『名言』じゃないか、と」（『人生が変わる朝の言葉』サンマーク文庫）

研究では、名前の響きは、自分を癒《いや》す周波数であり、両親や親族の切なる祈り、あなたに幸せになってほしいという願いをこめた祈りがこめられているという。

最近、私に孫が生まれ、彼に会うたびに名を呼んでいる。いっぱい、呼んでいる。

おそらく名前をつけた本人も忘れているかもしれないが、妊娠したとき、こころ震えて名前を考えたか、安産を祈願し、また名前に想いを馳《は》せ、生まれてから本当にこの名前にするか、夫婦で語りあい、熱く思いをめぐらした……。

名前、それが、もう、脳に刻《きざ》まれていて、やはり、そのようにして生まれた自分の名前だからこそ、自分の名前の響きは「世の中でもっとも耳に甘く響くよい音楽」なのだ。

子育ては70点がよい

仕事で求められる「完璧さ」・育児で求めてはいけない「完璧さ」

原田《はらだ》正文《まさふみ》

近ごろは女性の社会進出がめざましく、女医や女性弁護士も多い。彼女たちの多くに共通しているのは、完全主義である。

とことんやるから激しい競争にも勝ち抜く。しかし、この完璧さを人間関係、親子関係や夫婦関係に向けると相手が息苦しくなり、追いつめられる。

私の友人の女医は「息子が嘘《うそ》つくんです。小中学校のテストは１００点が当たり前なのに、65点とったので、勉強しなさいっていったら、一生懸命やってるよって、嘘つくんです」という。

私が「あなたは勉強すれば１００点とれるが、世の中にはいくらやっても65点しかとれない人もいるんだよ」というと、はっとした表情で頷《うなず》いていた。

小児精神科医で大阪人間科学大学大学院教授の原田正文は、親たちの完璧志向、〇×思考の弊害《へいがい》を指摘し、「子育ては70点がよい」というバランス育児を提唱している（『完璧志向が子どもをつぶす』ちくま新書）。

高学歴でまじめなお母さんに、このフレーズと本が診察室で喜ばれている。

欠点を治すことより大事なこと

極端な「短所」は、極端な「長所」に通じている。

大越俊夫《おおごしとしお》

師友塾塾長、国際教育アカデミー（AIE）学院長である大越の力強い名言である（『6000人を一瞬で変えたひと言②』サンマーク出版）。

私たちの青春時代の教育は、矯正的《きょうせいてき》な色合いがまだまだ残っていて、「君の短所は何だ」「はい、うじうじといろんなことを考えすぎることでしょうか」「じゃ、今学期はその君の短所を治《なお》すことを目標に頑張りなさい」「はい、先生、どうしたら治るんでしょうか？」「ばかもん、それは自分で考えるんだ。君は本好きだそうだが、運動でもしたらどうかね」「はい、走ってみます」

このような問答が普通にかわされていた。欠点が強く出ていれば、よく見ると輝くばかりの長所が出ていると考える。そこを強烈に伸ばしていく。

欠点の克服には時間がかかり、治しても普通になるだけで、コストパフォーマンスが悪い。それよりも限られた人生なので時間がもったいない。

今、注目されている発達障害も、できるところ（集中力を発揮しとことん繰り返しやる）、できないところ（コミュニケーションなど）がはっきりしているものだが、有名人、世界の偉人が取り沙汰されている。

カミングアウトしている人では、ＳＥＫＡＩ ＮＯ ＯＷＡＲＩのボーカル深瀬さんがＡＤＨＤ（注意欠陥多動性障害）、モデルで俳優の栗原類さんがＡＤＤ（注意欠陥障害）、ハリウッドスターのトム・クルーズは読字障害、失読症（ディスレクシア）、「ジョーズ」や「Ｅ．Ｔ．」

を告白している。
「ジュラシック・パーク」などで著名な映画監督スティーブン・スピルバーグも発達障害

彼らに共通しているのは、不得意分野克服にかけるエネルギーをすべて得意分野に特化して努力し成功したことだ。精神医学的にも、きわめて興味深いことである。

この名言が出版された13年前は、今ほど発達障害についての知識が普及していないが、すでに大越は喝破《かっぱ》している。

性格を変えるには莫大なエネルギーと時間を要するが、自らの性格特性を、どう見るか、どこから見るかで、人生は一変する。

まさに、慈《いつく》しむように自らを見つめ、自分の理想とする姿に近づけるべく、精いっぱい努力したいものだ。

人生を楽しめる人になるヒント

人は皆、それぞれの〝器〟をもって生きています。形や大きさを比べるのではなく、満たすことに集中できる人が、人生を楽しめるのです。

綾小路《あやのこうじ》きみまろ

私には3歳年下の弟がいる。東北大学医学部教授で心臓リハビリテーションの世界的権威、つい先日も、世界的に高名なハンス・セリエ賞をいただき、そのメダルを母とともに触ってきた。

神経症的な私と違い、本番に燃えるタイプで生徒会長挨拶など一切練習せず、それでいて最高のパフォーマンスをする。

私は社交不安障害傾向のため、家で何回も練習してうまくいったにもかかわらず、本番で緊張してメロメロになる。

いやはや、弟との比較で苦しんだとみる読者も多いと思うが、中学生ごろから圧倒的な差がつき、嫉妬《しっと》も湧《わ》かず、尊敬もしていたという関係だ。さすがに東大理科Ⅲ類以外は合格確実といわれた弟をもつ兄としては、三浪してもよければ夢の東北大学医学部を受けなさいという予備校の先生のことばに従うことはできなかった。

三浪して落ちたら……予備校教師にいわれた日のことは、あれから44年たった今でもよく思い出す。

綾小路きみまろの名言が気に入らない、納得できないという人は、大丈夫、まだまだ力は拮抗《きっこう》しているのだから頑張ればいい（『しょせん幸せなんて、自己申告。』朝日新聞出版）。

私は後半の「満たすことに集中できる人が、人生を楽しめるのです」が大好き。比較して安心できるのは一時、それよりも、自分の分を一杯に満たしていく。せっかくいただいた自分の大切な〝器〟をいつくしみ大事に満たしていこう。

なお弟も名言を集めた『名医の身心ことばセラピー』（さくら舎）を出版していますので、一読していただければ幸いです。ダイエットにも役立ちます。

ＮＯをいってくれる人の大切さ

自分が正しいと思うことを「それは違う」と言ってくれたら、しめたもの。あなたの行き先の軌道修正をしてくれる、大切なブレーンになるはずです。

さとうやすゆき

これは診察室でよくつかわせていただくことばのひとつである。
職場の仲間と意見が合わない、波長が合わなくて仕事がしづらいなど、そのことに悩み、精神医学的には、適応障害と診断がつくのだろう。しかし、心理の専門家で「心の学校佐藤義塾」を主宰するさとうは、こう喝破《かっぱ》している。

「夢をかなえている人の共通点を知っていますか？
それは、つき合う仲間が、バリエーションに富んでいることです。

ひとつの目的を達成するためには、同じような考え方のメンバーが集まったほうがいいと思っている人がいます。

でも実際には、様々な価値観を持つ人たちが集まったほうが、目的が達成される確率は高いのです。

得意分野がバラバラなら、ひとつのプロジェクトに対する意見もバラバラ。意見をまとめるためには、たくさん話し合って何度も検討を重ねなければなりません。

そのことが、結果的に目標を達成するための力となるのです。

同じような価値観の仲間が集まれば、作業は速いでしょう。

でも間違った方向に動き始めても、気がつくのが遅れるというデメリットがあります。軌道修正しようにも、〝NO〟を言ってくれる人がいなければ、そこから先になかなか進みません」（『1日ひとつ、変えてみる。』王様文庫）

人生という一回限りの舞台で

人間のみが、社会的な役割を演じ分けられる。私たちは、演じるサルなのだ。

平田《ひらた》オリザ

「ブリッコ」「演じている」などはいい意味でつかわれないことが多い。

会社では「模範的な新入社員を演じるのに疲れました」などといって、5月、6月、社員の方たちが大勢クリニックにいらっしゃる。そもそも皆、演じているのではないか。

私は診察室で精神科医を演じている。なぜかって？　クリニック来訪者は、精神科医療を受けにくるのであって、落語を聴《き》きにくるのではないから。

国際基督教大学在学中に劇団「青年団」を結成し、戯曲と演出を担当。現在、大阪大学コミュニケーションデザイン・センター特任教授の平田オリザはいう。

「人間のみが、社会的な役割を演じ分けられる。私たちは、演じるサルなのだ」……「だから、いい子を演じるのを楽しむ、多文化共生のダブルバインドをしたたかに生き抜く子どもを育てていくことは夢物語ではない」（『わかりあえないことから――コミュニケーション能力とは何か』講談社現代新書）

さあ、主体的に、自己統御感（Sense of Mastery）をもって大いに演じよう。人生という一回限りの、時間制約のあるこの舞台で。

勇気をいただく名言である。なお、この本のカバーに、コミュニケーションの本質を突く、どきっとしたことばが載っている。日本の臨床《りんしょう》哲学の第一人者で、大阪大学総長などを歴任した鷲田清一《わしだきよかず》の「他人と同じ気持ちになるのではなく、話せば話すほど他者との差異が、より微細にわかるようになること、それがコミュニケーションだ」。

表面的なコミュニケーションに終始して、勘違いしている諸君に一喝《いっかつ》！

用心深さを笑ってはいけない

用心深さは勇気である

小島慶子《こじまけいこ》

ＴＢＳラジオの参加型討論番組「アクセス」でギャラクシー賞ＤＪパーソナリティ賞を受賞し、ラジオ、テレビ、雑誌など多様なメディアで活躍中のタレント、エッセイスト、小島慶子のことばである。

美貌もさることながら、歯に衣《きぬ》着せぬストレートな発言が私は大好き。

「用心深さを笑う人は不安と向き合いたくないのだと思います。そんなことあるものか、と笑い飛ばせば心配しなくて済みますからね」……「本当の臆病さというのは、リスクを見ないことです」……「『考え過ぎ』と言う人は、そんなことを考えたくないから、心配する人を笑うのです。つまり、臆病なんですよ」（『気の持ちようの幸福論』集英社新書）

東日本大震災や原発事故を例に出しながら、持論を展開する。
まさに同感！
心配性で自らを謙虚に臆病でという内省的な方に、このくだりを話すと、小島の魅力と相まって、納得されることが多い。

やってごらん、考えるのをやめて

Look if you like, but you will have to leap.
「見たけりゃ見なさい、けれどもあんたは跳ばなきゃいけない。そういうことだな」

大江健三郎《おおえけんざぶろう》

日本を代表する作家の一人で、後にノーベル文学賞を受賞した大江健三郎の小説『見るまえに跳べ』（新潮社）の中のことばだ。

アメリカ人のガブリエルが「ぼく」に語りかける。敗戦、価値観の大変化などで、その時代の日本人が痛切に感じた無力感をベースにした小説であるが、高校生の私には、「見るまえに跳べ」が、強烈なメッセージに聞こえた。

さあ、考えるのもいいけど、行動してみなよ！

どうしても思考優位で実際のアクションがともなわなかった青年期を送っていた自分に、やってごらん、考えるのをやめて。いや、考える前でもやってごらんと、口癖にして語りかけていたことを懐かしく思い出す。

英語で口ずさんだり、カッコつけてたなあ。

先生はね、こんなふうに自らを励まし、奮い立たせていたんだよ、なんて、内気で思慮深いけど、悩み多き若い男女に、診察室でいうことがある。

人生を彫るのは自分

人生は石材なり。
これに神の姿を彫刻するも
悪魔の姿を彫刻するも、
各人の自由である。

エドマンド・スペンサー

エドマンド・スペンサーは、ギリシャ・ローマ以来の伝統に精通した、天性の才能にあふれたイギリスの詩人である。「人生の意味がわからない」などと嘆く方にいう。

「人生はもともと無色透明であり、それを綺麗なパステルカラーで染めあげれば、パステルカラーの人生だし、つまらない灰色で塗りたくれば、グレイの人生になるよ。すべては君の選択なんだ」

そのとき、スペンサーのことばを添えると、ぐっと説得力が増して、うなずく方が多くなる（『新版 ことわざ・名言事典』創元社編集部編　創元社）。
さあ、使い勝手がいい彫刻刀を用意すべく、現実的な努力をはじめよう！
いつから努力するの？　今でしょ！

私は名言によってできている!?

私という人間は今まで読んだ本を編集してでき上がっているのかもしれない。
逆にいえば、本によって編集されたのが私なのだ。

福原義春《ふくはらよしはる》

名言を集め、その名言で自分を勇気づけて前進しているとき、「結局、他人の考え」で自らをつくっているのではないかと悩んだとき、この福原義春のことばに出会った（『私は変わった　変わるように努力したのだ』求龍堂）。

「私は本によってできている」と資生堂名誉会長はいい切る。

そうだ、悩みつつも進んで生きている自分に、このことばはしみた。

泣けてきた。

いいんだ！　と。このまま進んでいいんだと。

それから、なおいっそう名言を求めての旅にいそしむようになった。

なんだかんだいってくる論客の青年たちに、この文章を話すことも多い。私にとって救いでもあり、私のアイデンティティの一部でもある。

私への金言と思って、ありがたくつかわせていただいている。

過去と他人は変えられない

自分の両親は選ぶことはできないが、
成人に達すれば、
だれを自分の心の親にすべきかは、
自分で選ぶことができるはずである。

D・J・シュワルツ

「毒親、父のせい、母のせい、母原病や父原病なんです」

昨日も今日も、老若男女がそういって、さあ先生、何とかしてくださいと診察室で私に食ってかかる。

他責極《きわ》まれり！　両親を訴える勢いである。

そのエネルギーがじつにもったいない！

過去と他人は変えられない。変えられるのは自分と自分の将来だけなのにね。

まあ、君にとってはそんな親でも、いや、そんな親だからこそ、見事な反面教師となって、君たちは素敵な親になれるだろう！

それよりも素敵で憧《あこが》れる人を、自分の心の親にしたらいいんじゃないかな！

私の、大好きで、こころのよりどころでありつづけるシュワルツ先生がいってるよ！

（『心の力の魔術――自己改造の心理学』桑名一央訳　実務教育出版）

そのほかの彼の名言で好きなものをすこし披露しよう。


「ほんとうのプロは、常に自分自身と競争するものであるということをよく覚えておくことだ」

「私は私の運命の主人公である。私は私の魂の支配者である」

「繁栄の度合いは気前のよさと比例している」

「物事は考えたとおりに実現される」

「バカ格差」に巻きこまれるな

人はなぜ富を得るか、
人生の意味は何かと考えると、
それは自分が納得する生活を送ることであって、
人に自慢することではありません。

谷本真由美《たにもとまゆみ》

コンサルタント兼著述家で、新時代の論客といわれ、ロンドン在住の谷本真由美のベストセラーである（『バカ格差』ワニブックス「PLUS」新書）。

谷本は、この本の冒頭にタワーマンションの階数格差をあげ、高層階の住人が低層階に住む人をバカにするが、まったく見当違いもはなはだしく、そもそもタワーマンション居住者は、「田舎における『でかい』『高い』『上にある』『キラキラしている』という単純でわかりやすい指標を引きずった人々なのです。田舎に行くと、お中元・お歳暮は質より量が重視されたり、定食の量が凄《すさ》まじかったりしますが、それと同じ価値観です」と一刀両断である。

ヨーロッパはじめ先進国ほど、郊外に邸宅を構え、自然に囲まれた生活を送るのが、セレブリティの常識である。また、不安が強い、言い換えれば想像力が豊かな人たちは、あえて高層マンションは選択しないだろう。

エンディングの谷本のことばも大好きだ。


「そしてとにかく自覚するべきなのは、人生は有限であり、自分と他人を比較するのは本当に時間の無駄であるということです」

「格差はあれど、人生に与えられた時間は平等です。限られた時間をいかに使うか。それが格差を自力で乗り越えていける唯一の方法なのです」

瞳は内心を語る

女性があなたに話している時、彼女の眼が何を言っているか、聴くのです。

ヴィクトル・ユゴー

ヴィクトル・ユゴーはフランスのロマン主義の詩人、劇作家、小説家、エッセイストであり、政治家でもある。彼の代表作は『レ・ミゼラブル』。

このことばは、彼の至言である（『アフォリズム』ロバート・ハリス　サンクチュアリ出版）。診察室で多くを語らない方もいらっしゃる。無理に問いかけるのではなく、瞳、眼を見る。そして、どういうこころの状態か考えてみる。だって瞳はこころの窓だから！

そんなこんなで時間がすぎて、緊張が解けて、話しはじめるかもしれない。なんて、初期研修医にいうことがある。

それにしても、この名言には苦《にが》いエピソードがつきまとう。

上品で教養にあふれ、憧れていた人に、ある研究会の懇親会で偶然会った瞬間の彼女の瞳は、明らかに、落胆の色でいっぱいで、その瞬間、若かった私は、すべてを悟った。

――遠いあの日の真夏の夜の夢――

子どもに願うこと

子どもの生き方を、親の「ダメ」という価値観で狭めてしまいたくない。

中尾明慶《なかおあきよし》

俳優で長編小説を出版、さらに２０１７年にはレーシングドライバーとしてもデビューし、多方面で活躍がめざましい中尾明慶の、自分の子どもへの想いである（「キミとどた♥ばた」朝日新聞２０１８年7月28日朝刊）。

彼は映画「時をかける少女」で共演した、私が大好きな演技派女優、仲里依紗《なかりいさ》の夫である。それはともかく、自分の子どもといえども別人格、自分の価値観は生きてきた時代に育《はぐく》まれ、受けてきた教育や当時の経済状況にも影響されるから、別人格でしかも未来を生きていく子どもたちに、押しつける、いや熱く語るのも、いかがなものだろうか。ましてや実の親に否定される子どものこころは、察するに余りある。

中尾夫妻は、若いのにすごいなあと改めて思う。ちなみにこのコラムで、息子が入浴剤の粉を脱衣所にこぼしてしまい、両親に叱られたときのその子のことばがおもしろい！大声で「お風呂に入れてあげようと思っちゃいました！」。

人生ストーリーの「選択」

結局のところ、
私たちの「選択」こそが
私たち自身を
形づくっていくのです。

ジェフ・ベゾス

電子書籍リーダーKindleの発売や老舗《しにせ》新聞社「ワシントン・ポスト」の買収でも注目を集める、アマゾン創業者ジェフ・ベゾスの、母校プリンストン大学の卒業式でのスピーチのことばである（『巨大な夢をかなえる方法——世界を変えた12人の卒業式スピーチ』佐藤智恵訳　文藝春秋）。

主体は君にあり、君のあらゆる選択が君をつくりだしていく。

「今の君は、５年前に君が考えていた姿だ」という表現もよくされる。

ジェフ・ベゾスはいう。

「……80歳になった皆さんは、一人で、自分の人生ストーリーを静かに振り返っています。そのとき、最も濃密に思い出すのは、自分で『選択』したときのことです。この一連の『選択』が最も大きな意味をもちます」

進路や結婚やさまざまなことに悩み果て、カウンセリングを受けたいとやって来られる方に「アマゾン創業者のことばだよ！」の一言をそえて話す。

この文中にある、優秀なジェフが幼少の頃、タバコを吸う祖母の寿命を計算し、彼女は泣き出すのだが、その後の祖父のことばも大好きだ。

「ジェフ、お前もいつか分かる日がくるだろうが、自分が賢くなることよりも、人に優しくすることのほうが難しいのだよ」

自分への警鐘

自分が多数派の一員になっていることに気付いたら、それは己を改革するときである。

マーク・トウェイン

『トム・ソーヤーの冒険』や『ハックルベリー・フィンの冒険』の著者で、アメリカの著名な作家であるマーク・トウェインの名言である（『自由への一歩』ロバート・ハリス　サンクチュアリ出版）。

現状に満足して安穏《あんのん》としがちな私たちに、警鐘を鳴らすがごとくのことばで、時々自分につかっている。

そうかといって、いつもいつも自己を改革・リフォームできるとは限らないので、こういう勇ましい名言もあるんだなと意識するに留めることが多いが、それでも役に立つ。
そういうふうに意識することで、怠惰《たいだ》に安易に流れていく自分への抑止力になる。
「ずーっと落ち着いてますよ、変わり映えしない毎日ですね」などといいつづける、安定期の方に話してみる。

聞くんじゃなくて「聴く」

人が話している時は
完全に耳を傾けよう。
ほとんどの人間は
人の話を聞かない。

アーネスト・ヘミングウェイ

『老人と海』などの名作で知られるアメリカを代表する小説家、アーネスト・ヘミングウェイのことばである（『アフォリズム』ロバート・ハリス　サンクチュアリ出版）。

とにかく、皆自分の話を聞いてほしい、聞いてほしくてたまらない。たまらないから話しかける。話したいからクリニックにいらっしゃる。

遮《さえぎ》ってはいけない。ケンカになる。じーっと聴くこと、耳で聞いて、こころでも聴くこと。聴くことが大事です。

ヘミングウェイのことばのとおり、聴くだけで、信頼が得られ、関係性がよくなる。ポイント・ゲット！

なぜって？　ほとんどの人間は人の話を聞かないから！

ぜひ、聞くんじゃなくて、聴いてね！　効果倍増だから！

第3章 自分をちょっと休ませる

空が癒してくれる

空を、見よう

アンネ・フランク

私は去年、35万キロ乗ったクルマを買い替えた。まだまだ乗るつもりだったが、大通りでディストリビューターの故障で、見事にエンストしたのだ。

新しいクルマは、もちろん中古車だが、迷わず、日本一広いスカイルーフをもつものにした。坂口健二の魅力的なCMも強く記憶に残っていた。

日曜の昼、駐車場に車を停め、シートを倒し、ルーフ越しに空を見るのが好きだ。青い空と流れる雲、そして時たま成田へ向かう旅客機が進んでいく、雲間を。癒《いや》される瞬間である。旅客機が見えた日は運がいい日と決めている。これからの1週間もいいと。

もちろん隠れ家生活のアンネの心中がいかばかりか知る由《よし》もないが、天窓からの空についてこう述べている。

「この日光、この雲のない青空があり、生きてこれを眺めている間、わたしは不幸ではないと心の中で思いました」（『人生はワンチャンス！――「仕事」も「遊び」も楽しくなる65の方法』水野敬也・長沼直樹　文響社）

疲れたら、空を見よう。

希望や憧《あこが》れ、スター、明るく暖かい太陽、みんなみんな空にあるから！

靴みがきのすすめ

光らせたのは、ほかでもないキミだ。
キミが光らせたのだ。

東海林《しょうじ》さだお

うつ病の回復期、今ひとつやる気が出ないとおっしゃる方は多い。病初期の重い億劫《おっくう》さはないが、旅に出る気はないし、もともと運動嫌いだったから、散歩もいやなど。そんなとき、自分の本棚の整理整頓（1段だけ、というのがミソ！）とともにおすすめなのが靴《くつ》みがきだ。

東海林さだおは、靴みがきの効用を、開始から完成まで全部に関われてヤッターという達成感が得られるとして、すすめている（『ショージ君の「ナンデカ?」の発想』文春文庫）。靴墨《くつずみ》でぼんやりしている靴を布で磨きあげていく。少しずつ光りはじめ、やがてピカピカになる。

そのときに、やさしい自分が、磨いた自分にこのことばを語りかける。自尊心が高まること必至だ！

掃除もいい。朝早く出勤すると、必ずクリニックをきれいにしてくれているおじさんやおばさんに会う。もうそのころは終わりかけで、一様に清々《すがすが》しく満ち足りた表情をしているから、私はそっと、「いつもご苦労さまです」とつぶやく。

軽く力を抜いて

人生は永遠の夢までの短い散歩

ファイナ・ラネヴスカヤ

長い人生で、時には傷つき疲れ、悩みに打ちひしがれる。そのとき、口角《こうかく》を上げて前を向いてつぶやくフレーズ。

ファイナ・ラネヴスカヤはロシアで最も愛された女優の一人。彼女のことばは、ファンに宛てた手紙から抜粋されたものがほとんどだそうだが、そうなのだ、eternal dream 死までのちょっとしたshort walkにすぎないんだ、人生は。だから軽く行こうよ、肩から力を抜いてせいぜい楽しみましょうよ、と。ロバート・ハリスの『アフォリズム』（サンクチュアリ出版）で出会ったことばだ。

心理学者や精神科医の間でいちばん人気があったのがこれだ。

こころがすっと軽くなる名文で、私も大好き。ときどき眉間《みけん》にしわをよせて悩みを語る人々にいってみる。
Life is a short walk before an eternal dream.

嫌味なことをいわれたら

人は嫌味なことを言うもの、と最初から思っておけばいい

蛭子能収《えびすよしかず》

職場の上司からきつくいわれた、近所の奥さんから嫌味をいわれた、母親が優秀な弟と自分を比べてもっと頑張れという、など悩みは尽きず、それで落ちこんじゃった式で、相

談に来られる人は毎日たくさんおられる。

そんなとき、人気漫画家、蛭子能収の日めくりカレンダーと、このことばを紹介する。

「みんなおせっかいなこと言ってくるし、嫌味を言われることもあるけど、でも言うのは自由だからさ。それを止めることはできないんだよ。他人はそもそも嫌なことを言ってくるもの、自分が言ってほしいことは言わないものだと最初から思っていたほうがいいですよ」（『生きるのが楽になる まいにち蛭子さん』PARCO出版）。

けだし名解説である。親といえども、他人で別人格だから、何をいっても自由だ。ただし、法律に触れること、たとえば、殺してやるなどでなければね！　っていうと、まあそうですね！　とにっこりされる方も多い。

ちなみに、私は、自宅のリビングに蛭子さんと松岡修造《まつおかしゅうぞう》の『（日めくり）まいにち、修造！』（PHP研究所）をおいて、その日の気分で使い分けている。

温《あたた》かい気分が欲しい日は蛭子さん、勇気をいただきたい日は松岡修造！

中身を吟味せず名前に負けていないか

キャビアって、だけど、本当においしいものなのかなあ。

林《はやし》 真理子《まりこ》

「確かにそうなのだ。トリュフを食べた時もそう感じたのであるが、キャビアやトリュフという名に、私たちはまず眩惑《げんわく》される。名前に負けてしまう。それを食しているという歓びで、味のことなどどうでもよくなってくるのだ」(『賢女の極意』文藝春秋)

あの一流好みの林真理子に、この名言は嬉《うれ》しい。

いつだか蛭子能収《えびすよしかず》がテレビ番組で刺身の味を聞かれて、「刺身って味みんな同じでしょ。ひんやり冷たくてあとは、お醤油《しょうゆ》かポン酢、そしてわさびやショウガの味でしょう」というのを見て、なるほどと唸《うな》ったのを覚えている。私も覆面《ふくめん》だと、ヒラメとタイの味の違いはわからない。
マツタケは本当においしいのか、そもそも十分味わうだけの量を食べたことあるのかとか、豆腐やこんにゃくに味はあるのか、私たちにそれがわかるのかなどなど、初診で、緊張している人に、こんな話をすると、人によっては緊張が一気に解ける。

不幸を追求してはいけない

まずアナタ自身が幸せになって！母親のことは後回しになさい！

マツコ・デラックス

人気タレントでエッセイストでもあるマツコ・デラックスのことばである。人生相談の形になっていて、さまざまな質問に答える本である（『続あまから人生相談』ぶんか社）。

ダメな母親のトラウマから逃れるにはとの問いに、このヘッドコピーで答える。

診察室では頻繁《ひんぱん》にクライアントの方がトラウマ、トラウマとおっしゃる。いわゆる心的外傷体験のことである。

だいたい、誰かの影響と意識されるようになったのであれば、その人からの呪縛《じゅばく》から7～8割は解放されたと考えてよい。そして最大の復讐は、自分の生き生きして充実した幸せな姿を見せつけることである。

不幸をさらに追求してはいけない。自分が幸せになるためだけにエネルギーを使いなさい！

あの大好きなマツコも、そういっているよ！

まだ「自分探し」といっている人へ

危険に遭わない限り自分の選択のリスクは理解できないものなのよ

中村《なかむら》うさぎ

「うさぎとマツコの信じる者はダマされる」は「サンデー毎日」の人気コラムで、この回で141回を数えている（2018年3月18日号）。読者のお悩みに二人が、対談形式で答えていく。

北海道の26歳男性のお悩みである。

「同い年の彼女が、会社を辞めて、1年くらい世界旅行に出たいと言い出しました。一生のテーマを見つけたいからなのだそうです。そんなのは国内でバイトしながらでも、なんなら仕事を辞めなくてもできると思うのですが……」

ちなみにお悩みのタイトルは「彼女が自分探しの旅へ　僕には理解できません」。

「まだいるのね、こういう『自分探し』をやりたい人って。アフリカで井戸掘ったりするのかな。その井戸に一回落ちて、頭冷えればいいけどね（笑）。いやあ、平和だなあ」

うさぎは開口一番、悩みを一刀両断。すかっとした。旅行会社のＣＭに乗せられて永遠に続く「自分探し」。外国に行って探せるの？　この、すべてが揃った平和な日本で探せなかったあなたが！　もちろん異国の素晴らしい風景や料理に感動し、啓発されることはあるだろうさ。でも、それと自分探しは別物だ。

自分とは日々の家族、友人、職場の同僚、先輩後輩との厳しいぶつかり合いからしか見えてこない。うさぎとマツコはいう。

「自由とは、自己責任を伴うものってね」……「自分の行動には代償というものが必ずあるんだってことを彼女が知ってさえいれば、いいと思う」

現状に不満で、会社辞めて放浪しようかなどといってくる適応障害の方によく話す名言である。

完全主義に走らない

100点を基準にすると
どんなに頑張ってもマイナス評価になるが、
0点を基準にすれば
たいていのことはプラスに評価できる。

和田《わだ》浩《ひろし》

私は保険診療をしている保険医だから、保険医協会に入会しており、毎月機関誌が送られてくる。

巻頭言「道」に、小児科医で日本外来小児科学会子どもの貧困問題検討会代表世話人の和田浩は、「貧困層の親も子も、自己肯定感が低い」と論じ、「一方、医師の側も『あるべき姿を示して足りない点を指摘する』」という（「月刊保団連」2017.7 No.1242）。

これでは自尊心や自己肯定感はいつまでたっても育《はぐく》まれない。

和田のことばは、うつ病の回復過程にある人に語りかけることが多い。「まだ仕事への意欲が出てこない」と沈鬱《ちんうつ》な表情で繰り返す方に、「ここに来られたときは、眠れず食べられずで、仕事のことはまったく考えられなかったのだから、だいぶよくなっていますよ」と。

自分自身にも使わせていただいていて、「まだダメだ」などと完全主義が顔を出したとき、自分にやさしくつぶやくと、肩からすっと力みが抜けるのがわかる。

饒舌は自信のなさの裏返し？

芸術家よ造れ。しゃべるなかれ。

ゲーテ

文豪ゲーテのことばだ（『人生の地図』高橋歩編著　A-Works）。

まあ、いつもそうだが、自信のないものほどよくしゃべる。自信のなさが饒舌《じょうぜつ》となる。

私は熱狂的な古畑任三郎《ふるはたにんざぶろう》ファンだが、とにかく犯人はよく話す、話しすぎてボロを出すことが多い。やっていなければ「やってません」の一言ですむ。

はじめは沈黙していても、追いつめられるとよく語るようになる。

信頼にたる医者かどうか見るためには、くどくどと御託宣をならべている医者に、一回だけ否定的なことばを投げかけるといいということは、昔からよく知られている。

そこで目の色がかわり興奮してくる人にかかるのは、やめたほうがいい。これから何回も同じような対応をしてくるだろうから。

医療に絶対はなく、治癒への一本道もない。まず、相手の意見や気持ちをいったん尊重し受け入れて、自らのエビデンスを示せばいい。まだ、確固たるものが自分になければ、先人の、また最新の論文でもいい。

私の後輩で英文論文をつねに読みこなし、開業精神科医として、とくに彼は働いている人をサポートしたいからと、午後を診療にあて、夜の11時まで患者につきあっている。いつも彼のことは尊敬している。さらに医局の大先輩で、抜群に医学論文を量産していたが、彼の一言も生涯忘れられない。

「医者同士の挨拶に名刺はいらないんだよ。論文を交換するだけでいいんだ」

残念ながら私は能力の問題か、あまり医学論文を書けないで終わったけど。

無知の特権

青春の特権といえば、一言を以《もっ》てすれば、無知の特権であろう。

三島由紀夫《みしまゆきお》

青年期はさまざまな表現がされる。モラトリアム（執行猶予）……。つまり責任を先延ばしにできる。「若いのだから」で許される。試行錯誤の時期である。もちろんすべてが初体験、恋も、入試も就活もすべて。知らなくて当然。先輩には何でも聞ける。いや聞いたほうが喜ばれる。俺を頼りにしてくれる、かわいい新人だって。

入学・入社したてで、自分がいかに無知で仕事もできないかを話に来所する若者に、三島のことばを紹介すると、ぱっと顔が明るくなる（『私の遍歴時代』ちくま文庫）。

「普通の人」でありたい

なぜ容易《たやす》くバカになるのか。理由ははっきりしている。
人間は楽なことを選ぶ生き物だからである。
わたしたちは、できることなら責任なんか負いたくない。
他人のことの心配なんかまっぴらである。
難しいことよりも易しいこと。
苦しいことよりも楽しいこと。
不自由よりも自由。貧乏よりは裕福。
まどろっこしいことよりは
すぐに成果が見えること、に流される。
努力をするのも金輪際イヤである。
これらの諸条件を満たすものは必然的にバカになる。

勢古浩爾《せここうじ》

勢古浩爾は『新・代表的日本人』（洋泉社）で第7回毎日21世紀賞を受賞した評論家、エッセイストで、自らの思想の立脚点を普通の人におき、生きることの意味を問いつづけている。

この一文が収録されている『まれに見るバカ』（洋泉社）のほかに、『定年バカ』（SB新書）の著書もある。私はこの著者が大好き。

ストレートである。とくに、このくだりはいい。性悪説というか、だからこそ、私たちはその流れに抗《あらが》い、バカにならぬように生きてみようよ。

ちなみに、バカとは、「自分中心主義で、モノを知らずに、自分の頭で考えることができない。考える努力もしない。だから、人に頼りたがり、人の責任にしたがる」人だという。

こころとからだはフィフティ・フィフティ

人はついつい、心の問題以外に重要なものはないと思ってしまうわけですが、肉体が消滅することのほうが実は重大だと気づくと、自分を左右している心の問題が、いかに〝思い込み〟に満ちているのかも見えてきます。

並木《なみき》秀之《ひでゆき》

思春期や青年期は、こころの悩みに圧倒される。もちろん身体的悩みもあるが、おおむね若さは体の健康と連動するからだろうか。

投資ファンド最高顧問の並木秀之は、先天性脊髄《せきずい》分裂症という障害をもって生まれた。当時は、1歳の誕生日を迎えることができないくらいの難病で、出産に立ち会った医師には、「名前をつける必要はない」といわれた。

つねに生命の危機があり、死の恐怖にさいなまれながらの毎日の中で、並木は、「肉体がなければ心も何もない」という考えがおのずと身についてしまったという（『死ぬな——生きていれば何とかなる』新潮新書）。

肉体があれば、絶望的な〝思いこみ〟さえ訂正できれば、生きられる。いや、肉体は、日々生きて、心臓は刻々と生命のリズムを刻《きざ》んでいるではないか！

クリニックでは、初診時に甲状腺機能検査をふくむ最低限の採血、血液検査をする。再診時、結果を必ず伝える。

「血液検査はパーフェクト、たとえこころが晴れず10点だとしても、からだは50点だから合計60点で合格だよ！　こころとからだは、フィフティ・フィフティだよ！」というと、若者はにっこりする。ここで身体の重要性に気づく人は多い。

アドラー心理学で健康に

人は原因を追求して生きているのではなく、目標を追求して生きている。

江《え》部《べ》康《こう》二《じ》

診察中にダイエットの話になることもある。今は糖質制限が中心であるため、同志の方と話に花が咲く。

この本はそんな方からいただいたもので、知る人ぞ知る、漢方、心理療法、断食療法などを全国に先駆けて実践し、糖質制限食ブームを巻き起こした、カリスマ医師・江部康二先生の著書である（『心を変えれば健康になれる！――アドラー心理学で病気も良くなる』東洋経済新報社）。

アドラーのいう「目的論」が健康になるためにも重要だという。

こころの不具合のさなか、たとえばうつのとき、原因を分析する人は多い。普段はあまり内省しない人も、ぐんぐん探りはじめる。そして、分析が自責へと変わり、弱い自分がダメなんだ、申しわけないから死のうかなどと、よりうつを重くさせる。

病気の多くは、原因が未だ解明されていないものが多い。ここはアドラー流に目的を追求してみよう。もちろん目的は健康になること！

うつのときは、こころのエネルギーの充電が必要だから、休養しよう！ 分析はエネルギーを消費するからやめましょう！

回復してきたら再発しないために、今こそ、臨床《りんしょう》心理士とタッグを組んで、認知行動療法的アプローチを学ぼう！ 万一、がんが発見されても、落ちこんで嘆いてばかりいないで、目的、生きるためにどうすればいいのか、主治医とともに考え行動しようよ！

目的本位へと視点を移すと、先が見えてきて、勇気も湧《わ》いてくる。

休養せよという叫び

子どものメッセージ――うつはからだの防御反応

傳田健三《でんだけんぞう》

児童精神科医として高名な北海道大学教授の傳田健三のことばである。とくに子どもは、言語化能力が十分ではないことが多く、うつはさまざまな身体症状（腹痛、吐き気、頭痛、下痢、不眠、食欲不振など）として現れることが多い。

私は、正式な児童精神医学の教育を受けていないから、診《み》るのは中学生からとしているが、やはり身体症状優位の人が多い。

うつは、これ以上いくと危ないよ、自分が保てないよというアラーム、防御反応だから、これに目を凝《こ》らし、耳を澄ませていこう。傳田はいう。

「全体の活動性が低下したような状態を呈するのは、そのような身体の変化に対して、じっと身を潜《ひそ》め、無駄な活動は控え、エネルギーの回復を待つ必要があるという意味を持っています」（『子どものうつ　心の叫び』講談社）

逆にいえば、うつを呈する人は、ストレスに対する正常なブレーキが働く、よいスペックをもっていることにもなる。

君は、障害物に対する自動ブレーキのないクルマに乗りたいかい？

見てくれは大事？

勉強しているんだぞ、という態度は格好良いのか。

森《もり》　博嗣《ひろし》

私は診察のとき、白衣は必ず着るが、中のシャツなどは、節度をはずさない程度にラフなものと決めている。バリバリに洋服で権威づけする必要もないし、相手も相談しやすいと思うから。

一方、昔、大学病院でつねにネクタイを締めている医師がいて、彼曰く「いつ、偉い人と会うかわからないから」ということだった。

勉強もしかり、某国立大学工学部助教授として勤務するかたわらミステリー作家としてデビュー、多方面で活躍がめざましい森博嗣は、海外の学者を例に出していう。

「だいたい、学者というのはセーターとかカーディガンを着ていて、自然の中、公園、あるいは、庭先とかで話をしている。勉強していることは、論文や研究成果を見ればわかることだし、そもそも既に立場を認められているから、そのポジションにいる。一般の人に向けてそれをアピールする必要がない」(『素直に生きる100の講義』大和書房)

森は、「どちらかというと、毎日好きなことをして『遊んでいる』方が立派だと感じる。

だから、本を読むことが遊びだ、と言うなら、それはなかなか素晴らしい」ともいう。
私も、まったく同感だ。「とにかく、好きなことを仕事にしなさい」は診察室での口癖である。

「死にたい」といわれたら

「死にたい」とだれかに告げることは、
「死にたいくらいつらい」ということであり、
「もしもこのつらさを少しでもやわらげることができるならば、
本当は生きたい」という意味なのである。

松本俊彦《まつもととしひこ》

著名な薬物依存症の研究者であり、治療プログラムの普及に全国を駆け巡《めぐ》っている国立精神・神経医療研究センター精神保健研究所、自殺予防総合対策センター副センター長兼薬物依存研究部部長の松本俊彦の至言《しげん》である（『もしも「死にたい」と言われたら——自殺リスクの評価と対応』中外医学社）。

本屋で見つけ、迷うことなく購入し、一気に読んだ。このことばは、本の帯に書いてある。死にたいという人に寄り添うときの必携のことばであろう。

死にたいくらいのつらさに共感して、つらさの原因、そして解決法を、一緒に考えていこう。医者で力不足なら臨床心理士、親御さん、学校の先生などにも入ってもらうから。なぜなら、君が死にたいと考えるのは、一方で君が、よりよい素晴らしい人生を送りたいと、強く強く思っている証《あかし》だから！

やさしく、しかし繰り返しこのメッセージを話しているうちに、緊張が解け、柔らかい表情とともに涙する人は多い。

毎日を「いい一日」にするには

日記の初めの一行に、「今日もいい一日だった」と書いてしまうのだ。

保坂隆《ほさかたかし》

私と1歳違いの精神科医、聖路加国際病院に「精神腫瘍科」を新設した著者の本の中の一文である（『精神科医が教える50歳からの人生を楽しむ老後術』だいわ文庫）。

日記は朝書こう、なぜなら夜は疲れていてどうしても悪い話になるからとか、感謝日記を書こう、なぜなら感謝すべきことを思い出すことでこころが満たされるとか、日記についてはさまざまなことがいわれている。

その中で、この一文は群を抜いている。今日はいい日だったとまず書くと、強烈な暗示効果によって、よい日に思えてくるという。そして、この一日のよいところを探して、安《あん》堵《ど》するようになる。

気に入って、さっそく日記に書いてくださる方が多い。

人生後半のスタンダード

"You can't have everything"
「全部を取ろうとしてはいけない」

大橋巨泉《おおはしきょせん》

大橋巨泉は、セミリタイア生活の中で北米人から学んだという。

「譲るところは譲れ」「人生、そこそこでいい」ということだ（『それでも僕は前を向く』集英社新書）。

大橋はこれを人生後半のスタンダードだという。完璧傾向は人生を苦しくし、うつ病にもつながる。完全主義はいちばん生産的で競争には勝つが、つねに勝ちつづけられる人もまれであろう。

あの、つねに明るく、成功しつづけていた大橋が後年たどりついたこのことばには深みがあり、傾聴に値する。

だから“You can't have everything”「そこそこでいい」ということばは、こころを明るくする！　さまざまなところにガタがくる人生の後半戦においては。


涙は信頼の証？

女性は宝石のように涙を身に付ける。

作者不明

診察室にはティッシュペーパーが常備されている。

私が研修医のとき、精神分析を得意とする先輩の診察に陪席《ばいせき》したことがあった。相談者はよく泣いていた。先輩は親身に傾聴し、関係性がとてもよいことがうかがえた。

あとで先輩は、「泣くという、いちばん無防備な姿を見せることは、信頼の証《あかし》だから、大丈夫。泣かせたらオーケーだよ！」といったのだ。

そこでこの名言を、『アフォリズム』（ロバート・ハリス　サンクチュアリ出版）の中に見つけたときは嬉しかった。

泣き出した女性にやさしくこのことばを語りかけると、一気にラポール（相互信頼）がよくなる。

A woman wears her tears like jewelry.

英語の語感もとてもよく、私のお気に入りのことばのひとつである。まあ、どう考えても嫌いな人の前では、泣かないよね。

第4章

こころは日々生まれ変わる

道を開く魔法のことば

できると思えば可能だ、できないと思えば不可能なのだ

ヘンリー・フォード

アメリカの自動車王フォードの名言である（『明日が変わる座右の言葉全書』青春出版社）。類するものに、松岡修造《まつおかしゅうぞう》『［日めくり］まいにち、修造！』（ＰＨＰ研究所）第一日目に、「『できる』『できない』を決めるのは自分だ」がある。

私が大好きな格言である。つまり、できると強く意識しつづけると、やがて、どうやれば、何をやればできるかが、すこしずつ見えてくる。道が見えてくるのだ。それを書き出して、君の持ち前のまじめさでひとつずつ実行すればできるようになるんだ。

できないと思うとそこで思考停止、まさに絶対できないで試合終了だよ。

さらに、悪戦苦闘になっても、見かねた素晴らしい先輩が助けてくれるかもしれない。
まず、Yes, I can! でやってみよう。

行きづまったときの特効ことば

問題は特技とかやり方なんかじゃなくて……どうやりとおせるかということでしょう?

ブラック・ジャック

仕事に行きづまり苦しくなったとき、ブラック・ジャックのこの名言をつぶやく。
才能や方法論ではなく、どう続けていくか、いや、やり通していった先に成功はあるんだ。逆もいえて、自分の力に疑問をもったり疑ったり落胆したりしたときの復活の特効ことばと信じて、みずからにつかわせていただいている。

『ブラック・ジャック』の作者、手塚治虫《てづかおさむ》は大阪大学卒のインテリ医師などなど、それやこれや相まって、高校生のころから熱狂的ファンだった。

手塚にはよく知られた名言がある。

「医者は生活の安定を約束していた。しかし、僕は画が描きたかったのだ」（『手塚治虫大全』 マガジンハウス）

これを読むと、もう私なんぞは眩《まぶ》しすぎて正視できないくらいの気分になる。それだけ手塚は優秀（大阪大学医学部は、私は１００年浪人しても入れまへん）かつアートへの情熱が強かったということだろう。

落ちこぼれからの大逆転

今日はつらい。
明日はもっとつらい。
でも明後日には、
素晴らしい一日が待っている。

ジャック・マー

受験に何度も失敗し、三輪自動車の運転手になったが、挫折をバネに奮起、大学入学を果たして、アリババグループ創業者として成功したジャック・マーの、香港科技大学の卒業式スピーチである（『巨大な夢をかなえる方法――世界を変えた12人の卒業式スピーチ』佐藤智恵訳　文藝春秋）。

アリババを起業してから、彼がこの14年間で得た哲学はただ一つ、これだという。

苦しみに打ちひしがれて、「もう、先生ダメだよ、こんなに一生懸命やったのに結果が出ないんだから」などと診察室で肩を落としながらつぶやく青年に、重篤《じゅうとく》なうつ病ではないことを確認したうえで、マーのことばをささやいてみる。
ちなみに、本文にあるマーの3つのアドバイスも興味深い。
・根気強く、努力をつづけてください
・常に楽観的であれ
・変化を歓迎してください！

冒険家からのメッセージ

FUCK！ 口だけクン！
ぐちゃぐちゃ言ってねぇで、
とりあえず、ガツンとやってみな！
足踏みしてても、靴の底は減るぜ。

高橋《たかはし》 歩《あゆむ》

誰でも、はじめてのことは怖いよ。不安だよ。

勉強、就職、進学、恋愛、いっぱいいっぱいだよ。

だから躊躇《ちゅうちょ》するんだ。

そんな若者に一発、とっても効果的な名言。冒険家の高橋歩が『自由帳』（A-Works）の中でいっている。

「足踏みしてても、靴の底は減るぜ」の一文を披露すると、はっと我に返り、ほほえみながら「やってみます」というクライアントの方は多い。

力強い名言である。

ちょっとヤンキーな若者に紹介しても大丈夫。意外と受けがいい。

クレームを受けたときに

あら探しの好きな方、わがままな方、やっかいな質問をする方に申し上げます。ありがとうございます。

マイケル・デル

両親は医師を望んだが、好きなコンピュータの道を選び、弱冠《じゃっかん》19歳のとき、テキサス大学学生寮の自室で、1000ドルの資金を元手に、コンピュータ会社を起業したデルコンピュータの創業者、マイケル・デルの名言である（『明日が変わる座右の言葉全書』青春出版社）。

アンケートばやりである。ホテルにもほとんどアンケートがおいてある。答えるとチェックアウトのとき、ミネラルウォーターがもらえるところもある。

クレーム、あら探し、わがままと見るか、どれもこれも、会社や自社製品がさらに、よりよきものになるためのヒントと考えるかで、その後の展開が大きく異なってくる。

前者と考えると不快な感情のみが残り、後者と考えるとありがたく思え、感謝の念が湧《わ》き、さらに会社の躍進につながっていく。

クライアントの態度やことばにキレそうになったとき、このことばを必死で想起し、頑張ってみる。

悩み方を学ぼう

突然のブレイクはない。

山下悠毅《やましたゆうき》

「どうせ悩むなら悩み方を学ぼう」をコンセプトに、気鋭の精神科医の深間内文彦《ふかまうちふみひこ》（大学の後輩で、ちなみに彼の趣味は、作曲だ！）がまとめた本の中で、ライブセッションを担当した福山整形外科・メンタルクリニック心療内科・精神科長兼フォーシーズンズ株式会社取締役の山下悠毅のことばは、ある意味すがすがしい（『「うつ」の捨て方――考え方を変えるために考える』弘文堂）。

「退職して、ベンチャー企業で成功したい」といっても、「起業して成功する人は、間違いなく、すでに社内や、取引先からその仕事ぶりを賞賛されているのです。……ではどうしたらいいのでしょうか」山下は「現在の、そう、まさに今あなたが置かれている環境においての『ブレイク』を目指せばいいのです」と、一喝《いっかつ》！

まさに、そのとおり！「あの人はいつかやると思っていた」といわせようではないか！

ちょっと努力したくらいで、認められないなんて、ブーブーいう人にも、このことばで、一喝！

こころの薬を飲む前に

飲んだ直後に、急に気分がスカッとしたら、その薬はやめた方がよい。悩みや苦しみが薬を一回飲んだだけで、スカッと消えるのは不自然である。薬で急に自信がつくなんて異様である。

青木省三《あおきしょうぞう》

臨床精神医学、とくに精神療法、思春期青年期を専門としている川崎医科大学教授の青木省三のことばである（『僕のこころを病名で呼ばないで』ちくま文庫）。

ベンゾジアゼピン系統の薬は、こころのモヤモヤがとれる魔法のような効果があり、一時は革命的なものとして礼賛《らいさん》された。しかし、近年その依存性や耐性、中断症状がクローズアップされ、大きな社会問題化している。

必要最小限、短期間の服用に限るべきで、啓蒙《けいもう》活動も盛んである。

あくまでも、長期間の使用を希望されたときにこのくだりを話す。

なるほどねえ、覚醒剤じゃあるまいし、などよい反応が得られることが多い。

なにより、不安や苦しみを薬で素通りさせず、耐え抜くからこそ、人は成長し、成熟していくのだ。

「嫌い」は「好き」に近い

どうしても悪口を言いたくなる
人がいるとしたら、
逆に、なぜそれほど関心を持つのか、
自問したほうがよい。

茂木健一郎《もぎけんいちろう》

口を極《きわ》めて、ある人の悪口をいう人がいる。フランスの諺《ことわざ》に「好きの反対は嫌いではなく無関心である」というのがある。嫌いも好きと同じくらい強い関心があるのだ。うらやましい！　自分もそうしたいけどできないからが多い。脳科学者の茂木健一郎はいう。

「嫌いなはずの人の中に、実は自分が『うらやましい』と思っていることがあるのならば、自分もそれを身につけるように努力すればよい。相手の中に、自分の中にもある嫌な点を見ているのであれば、なんとか、それを克服するようにすればよい」
（「悪口には大きなチャンスが潜んでいる」プレジデント2014年11月3日号）

科学的にも、扁桃体《へんとうたい》などの感情の回路の性質で、「嫌い」は「好き」に近いことが示唆《しさ》された。

「なるほど、合点がいきました」という方は多い。

憎しみが宿るとき

われわれがだれかを憎むとすれば、
そういう人間の形の中で、
われわれ自身の中に
宿っているものを憎んでいるのだ。
われわれ自身の中にないものは、
われわれを興奮させはしない。

ヘルマン・ヘッセ

ヘルマン・ヘッセの『デミアン』（高橋健二訳　新潮文庫）にある含蓄《がんちく》あることばである。精神分析学ではさまざまな自己防衛機制が紹介されるが、その中に「投影性同一視」がある。

母親がわが子の欠点を何回も罵《ののし》るようにいい、我慢ならないとき、意外と母親も同じ欠点を幼小児期からかかえていて、いまだに克服や消化ができていないことが多い。

自分の中のその欠点を子どもの中に見出し、いや映し出して、激しく叱るのである。その可能性を話すときに使うこともあることばである。気づき、自覚するだけでも、理解するだけでも、その過剰さにブレーキがかかる。そして、似ているわが子が愛《いと》おしくなるのだ。これを読んで、精神分析に興味をもった女性も多い。

慢心が台なしにするもの

一〇〇－一は九九ではなく〇である。「一《テ》〇《ン》・一《テ》〇《ン》・一《テ》〇《ン》の法則」

藤居《ふじい》寛《ひろし》

業績を積みあげてくると、ややもすると慢心が起きる。よくやった、どんなもんだい、ついにここまで来たぞなどなど。しかし、これがいちばん危ない。たったひとつのミスがすべてを台なしにしてしまう。それを帝国ホテル顧問の藤居寛は、100－1は99ではなく0であると表現している（『一流たちの金言』藤尾秀昭監修　致知出版社）。

「一〇・一〇・一〇の法則」とは、「信用、すなわちブランドを構築するには一〇年かかる。しかし、そのブランドを失うのはたった一〇秒なのです。そして失った信用、ブランドを盛り返すにはまた一〇年かかるということです」

精神科臨床《りんしょう》でも長年築いてきた医師患者関係が、医師の不用意な一言で水泡《すいほう》に帰すことがあり、私も、日々、このことばを念頭におき、自戒している。

常に相手を気づかい、うまくいっているときほど控えめに、自重したいものだ。

おじけづいた背中を押してくれるフレーズ

挑戦せずにあきらめることはできない

マイケル・ジョーダン

世界最高のスポーツマンといわれているアメリカのプロバスケットボール選手、マイケル・ジョーダンの名言で、同名の著書がある。

彼は数々の名言を残している。気持ちが萎《な》えたとき、行動をためらうとき、彼のことばを思い出す。この本のカバーの裏表紙には、次のことばが載っている（『挑戦せずにあきらめることはできない』ソニー・マガジンズ）。

I can accept failure.（ぼくは失敗を受け入れることができる）
Everyone fails at something.（誰にでも、ときには失敗することがあるからだ）
But I can't accept not trying.（しかし、ぼくは挑戦をあきらめることは、絶対にで

きない）

英語で口ずさんでみるとリズムがよく、さくさくいくし、なによりカッコイイ。おじけづいた自分の背中を押してくれる名言で、ときどき私が自分にささやきかける。

最初がつらいのは当たり前

〝最初の3カ月〟はカウントしない

行正《ゆきまさ》り香《か》

春先に診察室にやってきた方に話す名言である。

変化への反応は2週間、死別反応は8週間を目安にする。

それをいってから、行正の文章を読んで聞かせる。

「人生には、就職、転勤、転職、退職といろんな変化が訪れます。（中略）どんな小さな変化も、初めの3カ月は大変です。（中略）だから私は変化のとき、『最初の3カ月はカウントしない』ことが大事だと思うのです。最初がつらいのは当たり前。（中略）ダーウィンは『生物は環境が変化するからこそ進化する』と言いました。だからつらい3カ月があったとしても、『自分は進化してるんだ！』と思い込むことも大事です」と（『行正り香の はじめよう！ ひとりごはん生活』朝日新聞出版）。

これを聞いて、つらくても3ヵ月はやってみようと笑顔になる人は多い。

習慣の壁を破る！「駅の階段は、栄光への階段」という思い込み。

小林一行《こばやしいっこう》

ダイエット本は数限りなくある。個人的には岡田斗司夫《おかだとしお》の『いつまでもデブと思うなよ』（新潮新書）が大好きだが、小林一行のこのことばも大好きだ。

思いこみでイメージを膨《ふく》らませ、新しい行動を習慣化してしまおう。

私は、こはるという18歳の猫を飼っているが、朝の新鮮な水やり、もちろん水を入れる容器やトレイの洗浄はたまらなく億劫《おっくう》になる。しかし毎日毎日これをやることは、大好きなこはるの命を一日一日延ばすことだと強く思いこみ、彼女のイキイキとした姿をイメージすることでつらさが消えた。

小林はいう。

「駅の階段を昇ることが、輝く自分になるための『栄光への階段』だと心から思い込めば、モチベーションも飛躍的に高まる。最初のうちは、こうやって自分を励ましながら、少しずつ習慣化できるように努力していただきたい」（『なぜ一流の男の腹は出ていないのか？』かんき出版）

思いこみ、イメージングの大切さが彷彿《ほうふつ》とするようなことばで、あらゆるシーンでつかえる。

苦しみ損はない

泣きながら食事をした経験のない者には、人生の本当の味はわからない。

ゲーテ

これは、文豪ゲーテの格言（『ゲーテ格言集』高橋健二編訳　新潮文庫）。

失敗や失意の体験により、私たちは多くを学び、しかも不安、恐れ、おののき、うつなどの精神症状を体験し、人生につきもののそれらがよくわかるようになる。共感できる素晴らしいやさしいこころへと成長していくことができる。

うつ病を経て夫婦間の絆《きずな》が強まり、妻への、夫への考え方が変わったという人は、じつに多い。

喜び、楽しみ、成功一直線の人に、意外と他人の痛みがわからず残酷な人が多いのだ。

今の体験をどう見るか、向きあうか、分析するか、「精神科では苦しみ損はないよ」とはよくいうフレーズ。

苦しむ、悲しむことによって得られる人間性は確かにある。

何ごとも24時間３６５日の積み重ね

キレのいいパフォーマンスの秘密
黄金の肉体は、
24時間３６５日のコントロールから

郷《ごう》ひろみ

「ファンの人たちは何千円というチケット代と交通費を支払い、もしかするとこのコンサートのために服を新調してくれたかもしれない。美容院でセットしてきた人もいるかもしれない。そんなふうにして足を運んでくれる人たちに対して、こちらも全力で臨《のぞ》むのが礼儀だと思うので」（「婦人公論」2018年4月24日号）

郷ひろみのことばは、スリムな新人女性モデルが食生活を聞かれて、「私、なにもやらない人なの。昨日も仲間と焼肉いっぱい食べて、好きなスイーツ食べ放題」というのと真逆である。

多くのタレントは厳しい状況下におかれている。たとえば、運よくCM契約がとれても、契約条項には、体形、体重、髪型などを維持することが記《しる》されている。イメージダウンを恐れ、「はい、管理栄養士がついて、泣き泣き食べています」とはいえない。

一方、郷は、いつまでもエネルギッシュで外見だけでなく、体内年齢も30代を保っていて、62歳という年齢を感じさせない理由は、そのストイックともいえる毎日にあるようだ。30年以上にわたるウエイトトレーニング、スポーツマッサージ、そして「僕は24時間365日、『郷ひろみ』であり続けるためには何をしなければいけないのかを考えながら生きています」という意識をもちつづけることこそがこの名言（行動）につながっている。あの郷ひろみが、郷ひろみにしてもなお、すさまじい努力をしているのだなあと感じ入り、凡人の私にも勇気が湧いてくる。

「まだ」の奥行き

まだ……まだ……

上月英昭《こうづきひであき》

私の父はお寺の子として生まれ、兄弟で唯一仏門に入らず、理工系ブームにのり、山形県の米沢《よねざわ》高等工業専門学校（米工専、山形大学工学部の前身）を卒業。三菱重工業に内定していたが敗戦で進路変更を余儀なくされ、郷里山形市の中小企業で黙々と働いた。妻を養い2人の子どもの学費を稼ぐために。

私と父は似た性格で、私の未熟さから自分の欠点を父の中に見て（投影性同一視）、ずいぶん責めたりして、父は不本意であったと、今、思う。まあ、その分、弟とはウマが合って幸せだったのかもしれない。

その父のことばで、こころに残っているのがこれだ。

苦しくて苦しくてもうダメだというときに、「まだ」大丈夫だよ、成功して有頂天《うちょうてん》のときに、「まだ」だよ、だから、謙虚にねと。

最近、私の口癖になり、彼なりに精いっぱい頑張ったんだなと、感慨に耽《ふけ》ることが多い。

ありがとうございます！

心身の回復のきっかけ

ただ働くだけ――どんなに苦しくとも、明日いっぱいまでは堪え切ろう――

木村外吉《きむらそときち》

私が神経症傾向で、青年期に苦しんだことは、折にふれて書いたとおりだが、そのとき、森田療法の機関紙「生活の発見」とともに手もとにあり、何度も読み返していたのが木村外吉の『ノイローゼを脱け出て』（柏樹社）である。

北日本新聞社の論説委員まで勤めあげた人で、一方で第44回直木賞候補になった作家でもある。脳出血で倒れ、神経症で闘病したときのことを記し、再発作の予期不安やさまざまな精神症状（うつ、不安、憂慮《ゆうりょ》など）が出てきても、ただただ目的本位に仕事（主婦なら家族が過ごしやすいように家事、学生なら自らの可能性を広げるべく勉強）をしなさいという。

後半のくだりは、あらぬ気持ちが湧いてきて家を出ようとした木村が、明日ある末娘の学芸会の銀冠（当然、彼女が王女役で出るのだが）を見て、その光に射ぬかれたかのように、脳裏に浮かんだことばである。

とにかく堪えよう、突然の〝事件〟で娘の、いや家族の夢をぶち壊してはいけない。明日いっぱいまでは堪えようと。

この一件が契機の一つとなり、回復していく。教科書的ではなく、手記の形でリアルに記されているからと、この本を紹介した上で、神経症的な多くの方たちに、この２つのことばを話す。

なお、神経症について、理解を深めたい人は、名古屋大学医学部教授も務めた日本の精神医学のビッグネーム笠原嘉《かさはらよみし》の『神経症がわかる本』（メンタルヘルス岡本記念財団）をすすめたい。

親に気づいてほしい金言

愛することは、ほとんど信じることである。

ヴィクトル・ユゴー

フランス・ロマン主義の巨匠《きょしょう》、詩人や小説家としても著名なヴィクトル・ユゴーは、信じることの大切さを、この名言をとおして説いている（『秋の木の葉』）。

思春期の子どもたちは、自己を求めてさまよう。ときに、異性と親密になり、家を出ていく騒ぎになる。もしくは、大幅な進路変更を宣言し、学者志望の成績抜群の青年が、突然、芸人志願を表明したりする。

親はおろおろし、驚き、狼狽《ろうばい》する。しかしこれは、子どもたちが自分自身の価値観をもちはじめたということで、成長過程では必ず通る道である。

「好きにやっていいよ。信じているから」愛しているがゆえに、こうほほえみながら返してやろう。子どもの問題を語る親たちに必ず話すことばで、うなずいてくれる人が多い。

人生最後の日に

今日が人生最後の日だったら、今日やろうとしていることをやりたいか？

スティーブ・ジョブズ

マハトマ・ガンジーの「明日死ぬかのように生きろ……」と一脈通じるスティーブ・ジョブズの名言だ（『スティーブ・ジョブズ全発言』桑原晃弥《くわばらてるや》　ＰＨＰビジネス新書）。さまざまな人が同様のことをいっている。

億劫《おっくう》？　やることがわからない？　君は明日やる？　来週やる？　来月やる？　何いってるの、明日なんて来るの？　来る保証がどこにあるの？　今日で人生が終わるとしたら誰と会うの？　誰にメールするの？　人の悪口いうの？　うわさ話するの？

やっぱり好きな音楽聴《き》いて、本読んで、憧《あこが》れて尊敬している人に手紙書いて、電話して……。するでしょ！　いつ？　今でしょ！

スティーブ・ジョブズがいっていたというと、バリバリのビジネスパーソンも一度で納得。やはり、誰がいったかが効果を分けると痛感する。

理想の人間になっていく法

初めの一歩は自分への尊敬から

ニーチェ

自尊感情（Self Esteem）は人格形成にとても重要で、自分を認め慈《いつく》しむことからはじまる。

特に若い頃は何もなく業績に乏《とぼ》しい自分を尊敬できず、自己嫌悪《じこけんお》することのほうが多い。

私も青春時代はすべてのこと（顔、スタイル、性格、親の職業や貧しい家庭に生まれたことなど）を嫌悪していた。

フリードリヒ・ニーチェはいっている。

「最初に自分を尊敬することから始めよう。まだ何もしていない自分を、まだ実績のない自分を、人間とは尊敬するんだ。自分を尊敬すれば、悪いことなんてできなくなる。人間として軽蔑されるような行為をしなくなるものだ。そういうふうに生き方が変わって、理想に近い自分、他の人も見習いたくなるような人間になっていくことができる」(『超訳　ニーチェの言葉』白取春彦編訳　ディスカヴァー・トゥエンティワン)

明るく失敗しよう

失敗は人を育てる

飯田《いいだ》亮《まこと》

失敗を、どう考えていくかについての名言は数多い。成功への一里塚なのだからと思うのだけど、なかなか気分がついてこない。

そんなとき、ベンチャー経営者の元祖でセコム株式会社取締役最高顧問の飯田亮の、このことばが背中をひと押ししてくれる（『できる上司は「あと5分」の考え方が違う！』青春出版社）。飯田は次のようにもいう。

「失敗したらやり直せばいいのです。失敗は人を育てるための授業料なのです」

飯田は社内で、「明るく失敗しよう」と日頃から呼びかけていた。その結果、「逡巡《しゅんじゅん》しないで足がポッと前に出」て、新しい行動が生まれ、大成功、大躍進につながったのだ。

失敗でへこんでいるビジネスパーソンに、会社や役職名とともに飯田のことばを語ると、ぱっと表情が輝いてくる。

会社の上司が口癖にすると、一気に社内の雰囲気が軽やかに和《なご》んでいくだろう。

第5章 ことば貯金のすすめ

ことばの貯金通帳

「名言集というのは、
言葉の貯金通帳なのね」
と言った女の子がいる。
そうかも知れない。

寺山修司《てらやましゅうじ》

青森が生んだ天才であり、歌人、劇作家、そして演劇実験室「天井《てんじょう》桟敷《さじき》」を主宰し、その成果は国際的にも大きな反響を呼んだビッグネーム、寺山修司のことばである。

これが収められている『両手いっぱいの言葉——413のアフォリズム』（新潮文庫）は、どこから読んでも、いつ開いても、満足が得られ、私が新米医師のころからの愛読書である。

名言好きには、こたえられない。

貯金通帳だからいつでも必要なときに引き出して使える、自らを助けてくれる、とっても温《あたた》かいイメージが湧《わ》く。『家出のすすめ』などで挑戦的なことばが多いなか、ほっとすることばで私は大好き！

せっせと名言集めにいそしみ、時々、その貯蓄残高にほくそ笑む、私の至福の時である。

私は山形出身だから、文学好きな東北地方出身の方に語りかけると、話に花が咲く。

人は想うようになるよ

能力の差は五倍、意識の差は百倍

永守重信《ながもりしげのぶ》

永森重信は日本電産社長だが、ビジネスのみならず日々の生活にも役立つさまざまな名言を残している（「致知」1999年7月号）。

IQテストの点数、スポーツの記録などなど、能力の差を見せつけられることは多々ある。やはり、天性の能力の差かと絶望的な気分になる。しかし何ごとかを成し遂げたいときに、この名言が私たちを後押ししてくれる。

意識、たとえば長生きしたいとき、僕は、私は長生きしてやる、いや必ず長生きしてみせるぞ、誰が、この僕が、私がという意識で日々過ごしていくと、体に悪い食事をしたい誘惑に駆られても3回に1回はがまんできるようになり、さらに意識しつづけると2回になり3回になり、運動しかり、すべてのシーンで健康へ向かう選択をするようになる。

本来の生物学的な寿命の規定をも凌《しの》いでいくかもしれない。

さあ、君は何を意識するのだろうか。

人は想うようになるよ。だって、意識の差は100倍なのだから。

否定は否定を生むだけ

すべてのものには、学ぶべきことがある。

ヘレン・ケラー

人でも、事態でも、否定すると向こうも否定してくる。

「人はされたようにする」という名言もある。「なんだ、この野郎！」と接すると、「おまえこそ、なんだ！」と否定してくる。

「あなたはすてきだ」といって、「なんだ、この野郎！」と返す人がもしいたら、つきあう必要がない人で、これはこれで、人物が判定されただけで意味はある。

まず、すべてのものを見、認めるところからだ。否定はしない！　そして分析していくと、すべてのことから学ぶことができる。

ヘレン・ケラーのこのことばは、究極の精神療法的ことばである（『奇跡の人　ヘレン・ケラー自伝』小倉慶郎訳　新潮文庫）。

人生を変える5つのステップ

心が変われば　行動が変わる
行動が変われば　習慣が変わる
習慣が変われば　人格が変わる
人格が変われば　運命が変わる
運命が変われば　人生が変わる

井上裕之《いのうえひろゆき》

自分をほめる、人に感謝する、自分を尊敬するなど、こころを変えていくことが人生を変えていくことにつながっている。

島根大学医学部臨床《りんしょう》教授で経営コンサルタント兼セラピストでもある井上裕之のこのフレーズは、読んでいて韻《いん》を踏むかのように、リズミカル。しだいに調子にのってきますよ！　おすすめだ。

まずはこころ、そして次に考えを変えることからはじめる（『なぜかすべてうまくいく1%

の人だけが実行している45の習慣』ＰＨＰ文庫）。
温かく、希望に満ち、感謝するこころ、ことばを思い浮かべよう。
「やってみました」と瞳を耀《かがや》かせて語ってくる方も多い。

いつも食事は褒めるに限る

朝夕の食事は うまからずとも褒めて食うべし

伊達政宗《だてまさむね》

戦国武将、伊達政宗のことばだが、これに類する話は多い（『人生が変わる朝の言葉』ひすいこたろう　サンマーク文庫）。ちなみに幕末の武士で、最も愛された男といってもいい西郷隆盛《さいごうたかもり》も、いつも食事のときに、妻のいとさんの料理にひと口ひと口「おいしゅうございます。おいしゅうございます」といって食べていたそうだ。

妻のつくってくれた食事は必ずおいしい。なぜなら、妻が、あなたのために今日は何をつくろうかと考えた時点で、その食事はおいしいと決まっている。

もうすでにあなたへの、愛情、慈《いつく》しみがあるから。味覚上の問題は二の次、三の次で、まずおいしい。

私なんか、結婚以来ずっとこの名言を大事にして生きているから、この間なんか、おかずを口に入れる直前に、おいしいといってしまって、妻とひと悶着《もんちゃく》あったくらいだ。

「食欲ありますか」「おいしいですか」は診察中によく使うフレーズ。

うつで回復期の男性が妻と一緒に来院したとき、診察中にこの名言を話すと、大爆笑になることが多い。

自分に用意された物語を読もう

すべての人間の一生は、神の手で描かれたおとぎ話である。

アンデルセン

うつで自殺願望、希死念慮《きしねんりょ》（43ページ参照）をもつ方を死なせてはいけない。

なんとしても。

なぜなら、こころは常に揺れ動いているから。

苦しいから死にたい、死んで楽になりたい、どうしても生きたい、生きて愛する人を見ていたい、ずっとそばに寄り添いたいなどと、常に死と生が相克《そうこく》し、しのぎを削《けず》っているのだ。

だからこそ死なせてはいけない。

精神科医は、いかに自殺させないかの仕事をしているといっても過言ではない。

緩和《かんわ》ケア病棟で末期がんの人を診《み》ている友人の女医は、「悟って凛々《りり》しく死ぬ人は皆無《かいむ》だ。皆、死にたくないといいながら逝《ゆ》く」という。

自殺しなくても、死は必ず訪れる。だから、生きて自らに用意された物語を読もうよ。

デンマークの童話作家、アンデルセンのことばだ。

自殺予防を絡めたうつ病の講演会では、必ずこのことばを紹介する。

ないがしろにしてはいけないもの

替えがきかないのは家族と自分だけ

百田尚樹《ひゃくたなおき》

『大放言』や『鋼《はがね》のメンタル』などの作品で活躍がめざましい百田尚樹のベストセラー『逃

げる力』（ＰＨＰ新書）の中にある名言である。最終章に書かれている。

仕事は替えがきく、友だちも大丈夫。しかし、自分自身と家族だけは唯一のもので、替えはきかないという。

「あの百田もそういってるよ」と、うつ病で休みたがらない、まじめな会社員によく話す。会社は君がそんなに死ぬほど頑張らなくても、組織防衛をしてリストラをして、利益を上げるよ。でもあなたが自殺でもしたら、家族は壊れ、愛する人々を永遠に失うことになるんだ。

「いろいろ挑戦的なことを述べたあと、百田はしみじみ最後にいってるよ」と話すと、「あの百田がねえ」とおっしゃり、納得する人は多い。

なお、妻は替えられるよという人は、熟年離婚が待っていて、それはそれは悲惨だというから、気をつけて！

知《エスプリ》は情《クール》にいつもしてやられる。

ラ・ロシュフコー

ラ・ロシュフコー公爵フランソワ6世は、フランスの貴族、モラリスト文学者である。箴言集《しんげんしゅう》はあまりにも有名でフランス・モラリスト文学の最高峰といわれた（『ラ・ロシュフコー箴言集』二宮フサ訳　岩波文庫）。

高校、浪人、大学時代の私のこころのバイブルで、やはり文学好きの友人とこの本について語り明かしたときのことを思い出す。

彼の名言は無限にあるが、このことばが大好きである。非常にひねたものが多い中で、これは直球勝負である。

ケンカは感情的になったものが必ず負ける。だから、勝とうと思ったら相手がいちばん気にしているところを刺激することばをそっとささやくだけでいい。

では感情的にならない秘訣は、じっくり聴《き》き入り、「なぜ、この人はこんなことをいうんだろう」と考えることである。なぜ、なぜ？　と。理由に関心が移って、しだいに落ち着いてくる。

頭の引き出しに入れておきたいことば

あなたの前の雇主をよく言いなさい。

D・J・シュワルツ

これは示唆《しさ》に富む名言である。アメリカのジョージア州立大学教授であり、経営学者、心理学者でもあるシュワルツが『心の力の魔術――自己改造の心理学』（桑名一央訳　実務教育出版）でいっている。

結婚もしかり。前の雇主、前の夫の悪口をいいまくる人は永久に就職できないし、再婚もできない。なぜなら、聞かされた新しい会社の面接官や恋人は、こう考えるだろうから。「この会社や私もいつかこんなふうに悪口をいわれるだろうなあ」と。

まず、他人の悪口をいっている時点で他責的である。100－0はなかなかない。反省していれば、改善点や自分にも至らなかったところを見つけ、進化していく。そうすることによって、人間的にも成長することができる。

さらには、そういうことに気づかせてくれた前の職場や別れた元の配偶者に感謝するようにさえなるだろう。

含蓄《がんちく》ある名言であり、診察室での評価も高い。すぐには100%できないにしても、このことばが頭の引き出しに入っているか、いないかで、長い間には、相当な差が出てくるだろう。

「習慣力」のパワー

習慣は第2の天性となり、天性に10倍する力を有する。

ウェリントン・アーサー・ウェルズリー

イギリスの著名な軍人で政治家でもあるウェルズリーの名言である（『明日が変わる座右の言葉全書』青春出版社）。

天分、才能の乏しさに打ちのめされ、途方に暮れたとき、勇気をもらえる名言である。軍人らしいというべきか、この名言のさらにいいのは、数字を出してきていることだ。

習慣はあの憧《あこが》れの天性の10倍だという。

10倍となるとやる気が出る。数字の力は凄《すご》い。

一方、薬の副作用については、私は必ず数字を出すことにしている。

たとえば、軽い吐き気は100人に8人ですよ、精神科ではよく知られる重篤《じゅうとく》な悪性症候群やセロトニン症候群は、年末ジャンボ宝くじに1等から3等に当たる確率1000万人から300万人に1人だよってね。

そうすると、宝くじには当たったことありませんからとにっこりされる。


一寸先は光！

絶望の隣は希望です！

やなせたかし

アンパンマンを生み、名曲「手のひらを太陽に」などの作詞をしたやなせたかしは、一瞬にして明るくなれる名言を残している（『絶望の隣は希望です！』小学館）。

絶望して闇《やみ》が続くだろうと考えると、うつになることが多い（これは認知行動療法的にいうと、認知のゆがみの先読みの誤りということになる）。

どうだろう、絶望の隣には希望があり、一寸先は光と信じ行動、前進、歩み出してみては！　動いてみては！

いずれにしても絶望の中に、暗闇の中に留まっていても、佇《たたず》んでいても、ひきこもっていても、永遠に明るくなることはないのだから。

芸術家のビッグネームのことばであるのが興味深くもあり、グンと後押しされるようだ。

私が、うつの底に沈んでいる方に、診察終了間際にささやくフレーズでもある。

「絶望の隣は死かと思っていましたが、その根拠はないですよね。希望と考えるほうが気分が晴れて得ですよ」といって笑った方が印象的だった。

ベストフレンドは「自分」

誰だってフランス語や物理学を学ぶときには
大変な苦労をするでしょう。
車の運転を習うときにもずいぶん努力するでしょう。
でも自分自身の運転となると、
その苦労をしようとしないのです。

M・ニューマン／B・ベルコビッツ／J・オーエン

D・J・シュワルツの『心の力の魔術――自己改造の心理学』（桑名一央訳　実務教育出版）とともに、高校時代から私の手もとにあり、むさぼるように読んだ本が、精神分析医M・ニューマンらの『ベスト・フレンド――新しい自分との出会い』（本明寛訳　実業之日本社）である。

自分の最も身近で素晴らしい友だちは〝自分〟であるというコンセプトで展開していく。

まず、「そもそもあなたは自分自身を向上させたいのですか？　それとも堕落してもいいと考えているのですか？　あなたは自分自身の味方となりたいのですか？　それとも自分を敵にまわしてもいいと思っているのですか？」と挑戦的な質問を浴びせ、読者の覚悟を確認する。

そして、さまざまなアプローチ法を示していく。

私が大好きなことばである。

だいたい、性格改造をめざしても10年はかかる。変えていく努力をしつづけてもなおの年月である。

そのとき、ああやっぱり、英語やフランス語、物理学を修めるのもたいへんな年月がかかるから、自己コントロールもたいへんだ。でもやるぞ！　などと、勇気が出てくる。

朝活のすすめ

朝のわずかな時間は、午後の数万時間に匹敵する。

西洋の格言

私は完全朝型人間である。朝の入浴の素晴らしさに目覚めてから10年を超えている。静謐《せいひつ》で誰にも邪魔されない朝、そもそも朝が生物学的には創造力がいちばん活性化するときであるという。

ひすいこたろうによれば、「確かに、早起きの会社に不況なしといわれます。東京商工リサーチの調査によると、始業時間が8時、9時だとしても、会社の代表者が朝の7時までに出社している会社の倒産は、なんとゼロだそうです。倒産確率0パーセント！」（『人生が変わる朝の言葉』サンマーク文庫）

さらに「イエローハット創業者の鍵山秀三郎《かぎやまひでさぶろう》さん、ユニクロの柳井正《やないただし》社長、ワタミ創業者の渡邉美樹《わたなべみき》さん、楽天の三木谷浩史《みきたにひろし》社長ら、早起きの経営者はとても多いのです」。

私も土浦メンタルクリニックへ朝7時前には出勤、非常勤で行っている豊後荘《ぶんごそう》病院も朝7時30分には、自分のデスクについている。

生活のリズムがつかなくて悩んでいる夜型の方に、この名言とともに、朝の素晴らしさについて、ついつい過剰に語りすぎる自分がいる。

でも、夜は極端に早い。夜7時ごろにベッドにはいっていることが週に1〜2度あるから、人気のあるドラマはほとんど見られない。ちょっと前だけど、大門未知子《だいもんみちこ》の「ドクターX」以外はね。

あえて正反対を行く

憂鬱でなければ、仕事じゃない

見城徹《けんじょうとおる》／藤田晋《ふじたすすむ》

これは幻冬舎代表取締役社長の見城徹とサイバーエージェント代表取締役社長の藤田晋の共著で、ことばそのものが本のタイトルになっている。

いくらなんでも言いすぎだと、はじめ私は思ったが、見城はいう。


「僕は、朝起きると、必ず手帳を開く。自分が今、抱えている仕事を確認するためだ。そして、憂鬱なことが三つ以上ないと、かえって不安になる。ふつう人は、憂鬱なこと、つまり辛いことや苦しいことを避ける。だからこそ、あえてそちらへ向かえば、結果はついてくるのだ」（『憂鬱でなければ、仕事じゃない』講談社）

なるほどと唸《うな》ることばである。

うつ傾向の強い人には禁句だが、軽い適応障害気味のビジネスパーソンに話すと、「そういう考え方も確かにありますね、もうちょっと頑張ってみます」とにっこりされる方も多い。

私自身も、自戒を込めて、時折つぶやくフレーズでもある。

恋する人に

あの姿がどこに行ってもつきまとう。
夢にも、現《うつつ》にも、魂の隅々《すみずみ》まで充たしている！
目をとじると、ここの額《ひたい》の中に、
内なる視力が集まるあたりに、
あのひとの黒い瞳があらわれる。

ゲーテ

恋の悩みで来られる方も、じつに多い。失恋、片思い、不倫、結婚すべきか否《いな》かなど、内容は数限りない。

もちろん「結婚も離婚も、きわめて個人的なことで、人生を決定づける重要なことなので、医師は口を挟《はさ》めない。君の親でも兄でもないし、意見をいったら、私の個人的な価値観を押しつけることになるから」といったうえで、不安やうつなどの症状を緩和《かんわ》する手立てを一緒に考えていく。

これは『若きウェルテルの悩み』の中の一文（『世界名言集』岩波文庫編集部編　岩波書店）だが、それにしても、ゲーテは凄いね！

恋する人に、今の心境はかくのごとくでしょというと、ほとんどの人がうなずく。

まあ、私も遠い過去に？思い当たることがあるけどね！

目の前の悩める人との距離を、ぐっと縮めることができて、診察室では重宝《ちょうほう》する。語感もリズムもいい名言だ！

「たまに」だからいい

一日に「美味しい食事」は一回で充分だ。

岡田斗司夫《おかだとしお》

私は、約8年前から、ダイエット（いわゆる計るだけダイエットだが）をしている。そのきっかけが岡田斗司夫の『いつまでもデブと思うなよ』（新潮新書）である。大ベストセラーになったので読まれた方もおられるだろう。117キロから67キロへ！各章の展開もうまく、あっという間に、彼のダイエットワールドに引きこまれる。

とくに、このことばには含蓄がある。

御馳走は一日1回のほうがいい、毎食だと飽きてくるし、なによりもせっかくの御馳走が輝かない、新婚さんも夫婦が仕事せず、ずーっと一緒だと、ときめかなくなる。待って期待する喜び、そして御馳走を食べたときの、美味しさと忍耐した自分への敬意、沸々《ふつふつ》とこみあげる自尊心などが全部味わえて、さらに痩《や》せられる！

まさに、いいことずくめである。

「たまにしか、いいことがない、もっとないか」なんてばかり不満げにいう欲張りの方へ、ダイエットにたとえて、このことばを語りかける。

結婚は雪げしき？

結婚は雪げしきのようなものである。はじめはきれいだがやがて雪どけがしてぬかるみができる。

山本有三《やまもとゆうぞう》

ラブラブな恋の状態で結婚して、冷静になってみるといろいろ見えてくる。そんなときの至言《しげん》、名言！　こころが明るくなる。えっ！　なりませんか？

私がこれまで読みあさってきた数十冊の名言集の中で項目が多いのは、恋愛や結婚に関するものであった。それだけ、人生の中で重大で大切なものなのだ。

診察室の中でも男女の問題を論じ、話しあわない日は皆無である。夫婦関係についての悩みのとき、さりげなくこの山本有三のことばをいってみる（「夫婦げんか」『定本山本有三全集第10巻』新潮社）。「なんだ、そうなんだ」とほほえみを浮かべる方も多い。

壮大なビジョンで魅了

愛をもって働くとは何か。
それは、心から縒《よ》り出した糸で布を織ること。
あなたの愛するひとがそれを身にまとうかのように。
また想《おも》いを込めて家を建てること。
あなたの愛するひとがそこに住まうかのように。
そして優しい心で種を播《ま》き、
喜びに満ちて刈り入れること。
あなたの愛するひとがその実《みの》りを食べるかのように。

カリール・ジブラン

宗教や哲学に根ざした壮大な詩や絵画を残したレバノン出身の詩人、芸術家であるカリール・ジブランの詩の一節である。

これが収められている『預言者』（佐久間彪《さくまたけし》訳　至光社）は、さまざまな影響を後世にあたえた。エルヴィス・プレスリーもそのひとりだが、1960年代のアメリカのカウンターカルチャー、そしてニューエイジのムーブメントにも関わっている。

一読して私も魅了された。愛と労働の本質がみごとに描かれている。リズミカルで、声を出して読んでも心地いい。

あまりに美しく、読みやすく、暗記して披露してくださった方もいた。

ダメな自分を出発点に

いつか「自分の神」を持たなきゃ

中村《なかむら》うさぎ

「サンデー毎日」の「うさぎとマツコの往復書簡」に掲載されていたことばだ（2013年2月3日号）。この週刊誌は待合室の本棚へ置いている。私は精神科医を約30年間やっているが、このことばには参った。

中高年でまだ他責的な方のなんと多いことか！　若い人の新型うつ病（人生経験に乏しい未熟さをベースにして、さまざまなストレスでうつとなるタイプのうつ病）しかり！　そういう人へ一刀両断！　中村うさぎはいう。

「今さ、『毒親』みたいなこと言う人たちがいるじゃない？　いい年して反抗期やっている人たちよ。彼ら（彼女ら）にとって親はいまだに神なのね。でも、いつか、人は自分の神を持たなきゃならない。それが自立ってことじゃないのかしらねぇ？」

親のせい、上司のせいなど他責的なうちはダメ。自分で自分を、このみじめで、客観的にはダメな自分をひきうけて、そこを出発点にして自分で自分を励ましていくことから人生ははじまるのだ。

親の本質が見える

親芋はなあ、子芋に栄養を与えて萎《しな》びていぐんだ。

松岡佑子《まつおかゆうこ》

「文藝春秋」は物心ついたころから、家にあった。父の愛読書だったのだろうか。残念ながら、3年前に亡くなった父に確認しそびれてしまった。

私もずっと愛読している。その中でまっ先に目を通すのが「オヤジとおふくろ」である。「ハリー・ポッター」シリーズの翻訳で知られる静山社社長・松岡佑子が亡き父を語るエッセイの中の、人より植物を愛し、なによりも子煩悩《こぼんのう》だった父のことばに、親の本質がきらりと光って見えた（「文藝春秋」2017年12月号）。

私にも3人の子どもがいるが、そう、そういう気持ちである。そのことばを、折にふれて思い出すという松岡と、その父との豊かな親子関係が彷彿《ほうふつ》とする。

子どもの進学、就職、結婚が思いどおりにいかないと、「学費を返せといいたくなります」と、真顔で話す方を診察室で目の当たりにして、愕然《がくぜん》とする。

関係性が良好になってから、こういう親もいるんですよと、いえる人にはいってみたりする。

人間関係がスムーズになる！

挨拶は「あいさつ」から「明るく」「いつも」「先に」「続けて一言」

航空会社の新入社員用、接遇研修会での第一声が、これだという。さまざまな本に載っているので、ご存じの方もいるだろう。

挨拶は、人と接するときの基本中の基本であり、礼儀であり、演技でもある。

「明るく」「いつも」そして相手より先に。

先にいったほうが勝ちで、相手はいわざるをえなくなる。

そして、大切な人には、続けて一言。たとえば、「おはようございます。昨日は寒かったですね」などと。

そうするだけで、あなたはその人にとって特別な人となり、二人で話をするチャンスが必ず来る。

新人の方には診察室で必ず話すが、多くの人は関係がスムーズになったという。

挨拶は習慣で、習慣は人格になり、人格は運命となり、その人の人生を変える。

愛おしいこころの傷跡

今でも隠したい心の傷跡

東海林《しょうじ》さだお・赤瀬川原平《あかせがわげんぺい》

1937年生まれの東海林さだおと赤瀬川原平が老化の効用、いわゆる老人力を語る対談集だ（『老化で遊ぼう』新潮文庫）。

私は、ふたりが幼少のころや、少年・青年時代を振り返る第9話が大好きだ。

ふたりはそのころを振り返り、どのグループにも誘われない「休み時間が辛《つら》かった」「巨顔が憎い」（東海林と作家兼イラストレーターの南伸坊《みなみしんぼう》は巨顔を自認している）、おねしょ、学校で〝大〟をすること、便漏れ、女の子にもてないなどを挙げ、それぞれについて、いかに苦しかったか、今でもこころに深い傷跡をのこしていると語りあっている。

それでも生きているし、いやある種の懐《なつ》かしさ、若いときの不遇さを愛《いと》おしむような感慨をもって話す。

トラウマばやりの昨今だが、ふたりの青春も、ましてや私の青春時代も、そんなもんだったとえば、と考える。まじめな、私の若いころに似ている青年の眉間《みけん》のしわが消える。

だってすべてが、全部が、人生で初体験なのだから！

●参考文献　順不同

岩波文庫編集部編『世界名言集』岩波書店
創元社編集部編『新版 ことわざ・名言事典』創元社
別冊宝島編集部編『人生の指針が見つかる「座右の銘」1300』宝島SUGOI文庫
話題の達人倶楽部編『明日が変わる座右の言葉全書』青春出版社
ロバート・ハリス『アフォリズム』サンクチュアリ出版
ロバート・ハリス『自由への一歩』サンクチュアリ出版
アンデルセン　荒俣宏訳『アンデルセン童話集』新書館
ヘルマン・ヘッセ　高橋健二訳『デミアン』新潮文庫
フリードリヒ・ニーチェ　白取春彦編訳『超訳　ニーチェの言葉』ディスカヴァー・トゥエンティワン
D・J・シュワルツ　桑名一央訳『心の力の魔術──自己改造の心理学』実務教育出版
ヘレン・ケラー　小倉慶郎訳『奇跡の人　ヘレン・ケラー自伝』新潮文庫
ラ・ロシュフコー　二宮フサ訳『ラ・ロシュフコー箴言集』岩波文庫
『新約聖書』
高橋歩『自由帳』A-Works
高橋歩編著『人生の地図』A-Works
大山くまお『名言力』ソフトバンク新書

やなせたかし『絶望の隣は希望です！』小学館
井上裕之『なぜかすべてうまくいく1％の人だけが実行している45の習慣』ＰＨＰ文庫
大橋巨泉『それでも僕は前を向く』集英社新書
行正り香『行正り香のはじめよう！ ひとりごはん生活』朝日新聞出版
保坂隆『精神科医が教える50歳からの人生を楽しむ老後術』だいわ文庫
桑原晃弥『スティーブ・ジョブズ全発言』ＰＨＰビジネス新書
林真理子『賢女の極意』文藝春秋
三島由紀夫『私の遍歴時代』ちくま文庫
山本有三『定本山本有三全集第10巻』新潮社
カリール・ジブラン　佐久間彪訳『預言者』至光社
エール出版編『私の東大合格作戦』エール出版社
福原義春『私は変わった　変わるように努力したのだ』求龍堂
マツコ・デラックス『続あまから人生相談』ぶんか社
大越俊夫『６０００人を一瞬で変えたひと言②』サンマーク出版
勢古浩爾『まれに見るバカ』洋泉社
ゲーテ　高橋健二編訳『ゲーテ格言集』新潮文庫
原田正文『完璧志向が子どもをつぶす』ちくま新書
並木秀之『死ぬな――生きていれば何とかなる』新潮新書

青木省三『僕のこころを病名で呼ばないで』ちくま文庫
藤尾秀昭監修『一流たちの金言』致知出版社
百田尚樹『逃げる力』ＰＨＰ新書
マイケル・ジョーダン　ラモス瑠偉監訳『挑戦せずにあきらめることはできない』ソニー・マガジンズ
さとうやすゆき『1日ひとつ、変えてみる。』王様文庫
手塚治虫『手塚治虫大全』マガジンハウス
綾小路きみまろ『しょせん幸せなんて、自己申告。』朝日新聞出版
東海林さだお『超優良企業「さだお商事」』東洋経済新報社
東海林さだお『ショージ君の「ナンデカ？」の発想』文春文庫
東海林さだお・赤瀬川原平『老化で遊ぼう』新潮文庫
ひすいこたろう『人生が変わる朝の言葉』サンマーク文庫
松本俊彦『もしも「死にたい」と言われたら――自殺リスクの評価と対応』中外医学社
平田オリザ『わかりあえないことから――コミュニケーション能力とは何か』講談社現代新書
Ｍ・ニューマン、Ｂ・ベルコビッツ、Ｊ・オーエン著　本明寛訳『ベスト・フレンド――新しい自分との出会い』実業之日本社
ジェームス・スキナー『１００％――すべての夢を叶えてくれる…たったひとつの原則』サンマーク出版
小林一行『なぜ一流の男の腹は出ていないのか？』かんき出版
蛭子能収『ひとりぼっちを笑うな』角川oneテーマ21

蛭子能収『生きるのが楽になる まいにち蛭子さん』ＰＡＲＣＯ出版
見城徹・藤田晋『憂鬱でなければ、仕事じゃない』講談社
下柳剛『ボディ・ブレイン——どん底から這い上がるための法則《ルール》』水王舎
小島慶子『気の持ちようの幸福論』集英社新書
森博嗣『素直に生きる１００の講義』大和書房
寺山修司『両手いっぱいの言葉——４１３のアフォリズム』新潮文庫
傳田健三『子どものうつ　心の叫び』講談社
プレム・ラワット　しろいあや絵　マックス・ウィトル訳『なりたいなぁ』文屋
木村外吉『ノイローゼを脱け出て』柏樹社
岸田秀『ものぐさ精神分析』青土社
佐藤智恵訳『巨大な夢をかなえる方法——世界を変えた12人の卒業式スピーチ』文藝春秋
大江健三郎『見るまえに跳べ』新潮社
斎藤茂太『神経質を喜べ——悩む人ほど強くなる』光文社
水野敬也・長沼直樹『人生はワンチャンス！——「仕事」も「遊び」も楽しくなる65の方法』文響社
水野敬也・鉄拳『もしも悩みがなかったら』文響社
曽野綾子『「いい人」をやめると楽になる』祥伝社黄金文庫
岡田斗司夫『いつまでもデブと思うなよ』新潮新書
飯田亮『できる上司は「あと5分」の考え方が違う！』青春出版社

江部康二『心を変えれば健康になれる！――アドラー心理学で病気も良くなる』東洋経済新報社
谷本真由美『バカ格差』ワニブックス「ＰＬＵＳ」新書
岸見一郎・古賀史健『嫌われる勇気――自己啓発の源流「アドラー」の教え』ダイヤモンド社
本多時生『夢をかなえる』アルファポリス
深間内文彦・山下悠毅編著『「うつ」の捨て方――考え方を変えるために考える』弘文堂
茂木健一郎「悪口には大きなチャンスが潜んでいる」プレジデント２０１４年11月３日号
中村うさぎ「うさぎとマツコの往復書簡」サンデー毎日２０１３年２月３日号
中村うさぎ「うさぎとマツコの信じる者はダマされる」サンデー毎日２０１８年３月18日号
永守重信「特集 切に思うことは必ずとぐるなり」致知１９９９年７月号
「キミとどた♥ばた」朝日新聞２０１８年７月28日朝刊
毎日新聞「人生相談」２０１７年10月９日
「婦人公論」中央公論新社２０１８年４月24日号
「文藝春秋」文藝春秋２０１７年12月号
ＰＨＰ「運がひらける言葉」№.７４６　ＰＨＰ研究所
「月刊保団連」2017.7 No.1242

●参考ウェブサイト

名言ナビ®　http://www.meigennavi.net/

故事ことわざ辞典　http://kotowaza-allguide.com/
名言から学ぶコーチング【名言集】　http://www.meigenshu.net/
名言の王国　http://meigennooukoku.net/
Web漢文大系　http://kanbun.info/
まとめに！　http://matomeni.com/
癒しツアー　http://iyashitour.com/
ウェブ石碑　https://sekihi.net/
地球の名言　https://earth-words.org/
名言＋Quotes　http://meigen-jijn.com/
Inquiry.　https://www.a-inquiry.com/

おわりに

最後までお読みいただき、ありがとうございます。精神医学は日々進化しており、私たち医療に携《たずさ》わる者も懸命に努力していますが、なかなか治癒《ちゆ》に至らないこともあります。そのときのご本人や、ご親族のお気持ちを考えるとき、私は自らの無力さに打ちひしがれます。

診療に携わる限り、私がおこなっている「ことば」によるセラピーはもとより、最新の医療を学びつづけることを、ここに誓います。

また、土浦メンタルクリニックに勤務するきっかけを与えてくださった元筑波大学臨《りん》床《しょう》医学系精神医学教授・白石博康先生と、温《あたた》かい眼差しで自由に勤務しつづけることを許してくださっている医療法人新生会理事長・鈴木守先生に深謝いたします。さらに、最後まで見守り、適確なアドバイスをしてくださったさくら舎の古屋信吾さんと猪俣久子さんに感謝します。なお、本書は『ことばセラピー』（さくら舎）から、とくに効果があったことばをいくつか再録しました。

上月英樹《こうつきひでき》

著者紹介
一九五三年、山形県に生まれる。精神科医。医療法人新生会土浦メンタルクリニック所長。山形東高校から筑波大学医学専門学群を卒業後、日立総合病院内科研修医を経て筑波大学精神科へ入る。筑波大学精神科准教授を経て、二〇〇四年に豊後荘病院へ。副院長のあと二〇〇七年より土浦メンタルクリニック所長。この間、一九九〇～九一年にかけて、文部省（現・文部科学省）在外研究員としてメルボルン大学オースチン病院の青年期部門に留学した。専門は、青年期精神医学、うつ病、不安障害。著書には『ことばセラピー』（さくら舎）がある。

精《せい》神《しん》科《か》医《い》がつかっている「ことば」セラピー
――気《き》が軽《かる》くなる・こころが治《なお》る

二〇一八年一〇月一一日　第一刷発行
二〇一九年　七　月　五　日　第四刷発行

著者　上《こう》月《つき》英《ひで》樹《き》

発行者　古屋信吾

発行所　株式会社さくら舎　http://www.sakurasha.com
東京都千代田区富士見一-二-一一　〒一〇二-〇〇七一
電話　営業　〇三-五二一一-六五三三　FAX　〇三-五二一一-六四八一
編集　〇三-五二一一-六四八〇
振替　〇〇一九〇-八-四〇二〇六〇

装丁・本文デザイン　アルビレオ

写真　Mr. Yotsaran/Shutterstock.com

印刷・製本　中央精版印刷株式会社

ISBN978-4-86581-168-1